高等职业教育财务会计类富媒体智能型 · 工学结合系列教材

纳税实务

习题与实训（第三版）

NASHUI SHIWU

XITI YU SHIXUN

李瑶 主编

东北财经大学出版社
Dongbei University of Finance & Economics Press
大连

图书在版编目（CIP）数据

纳税实务习题与实训 / 李瑶主编．—3版．—大连：东北财经大学出版社，2023.5

（高等职业教育财务会计类富媒体智能型·工学结合系列教材）

ISBN 978-7-5654-4690-0

Ⅰ. 纳…　Ⅱ. 李…　Ⅲ. 纳税-税收管理-中国-高等职业教育-习题集　Ⅳ. F812.42-44

中国版本图书馆CIP数据核字（2022）第214548号

东北财经大学出版社出版

（大连市黑石礁尖山街217号　邮政编码　116025）

网　址：http：//www.dufep.cn

读者信箱：dufep@dufe.edu.cn

大连天骄彩色印刷有限公司印刷　东北财经大学出版社发行

幅面尺寸：185mm×260mm　字数：303千字　印张：13.5

2023年5月第3版　2023年5月第1次印刷

责任编辑：王天华　曲以欢　责任校对：京　玮

封面设计：原　皓　版式设计：原　皓

定价：33.00元

第三版前言

本书是“十三五”职业教育国家规划教材《纳税实务》（第五版）的配套辅助用书。本书的编写依据高等职业学校财务会计类、财政税务类相关专业教学标准中“素质、知识、能力”的培养要求，力求满足会计工作向信息化、智能化演变的能力目标需要，突出对学生税费计算与智能申报基本技能、职业意识和职业习惯的培养。

本书在编写过程中，充分考虑了主教材的特点以及学习任务的安排，按照税费计算与智能申报工作过程，以项目为导向设计实训内容，用纳税申报表来展示、训练纳税申报工作环节及内容，给学生以全真的体验。全书共分为九个项目，围绕我国现行主要税种，对各税种基本要素进行巩固性练习；对实际涉税业务应纳税额进行准确计算，加深对税收政策的理解及应用；对纳税智能化申报工作，通过模拟、实训强化、岗位适应三个环节进行练习及训练。

本书内容具有针对性、引导性、连贯性、实用性、易操作性等特点。根据会计工作涉税业务要求设计实训内容，实训围绕税费计算与申报逐步展开。在项目实训中，我们围绕但不局限于主教材内容，进行了适当拓展，引导学生利用多媒体延伸教材内容的某一知识点，通过操作训练，引导学生将某一税收政策贯彻应用到企业实际涉税业务当中。为此，本书专门设计了辨析与综合提高实训练习。在项目实训中，本书将税费的计算与纳税申报联系起来，将不同申报要素连贯起来，形成一个各税种内封闭的系列实训，完成了涉税业务判断—准确应用税法—正确计算税款—及时完成申报等一系列涉税工作。本书配有大量相关的涉税表单，设计的各税种全真实训操作性强，由浅入深，可供学生轻松完成各个操作任务。

本书由山西省财政税务专科学校主持完成，李瑶教授担任主编，郝宝爱、张进副教授担任副主编。山西省财政税务专科学校梁东刚、张明珠和国家税务总局山西省运城市税务局陈永斌参与编写。

本书既可作为高职高专院校财务会计类、财政税务类等专业教学用书，也可作为成人高校、本科院校举办的二级职业学院财经类专业的教材和企业从业人员的业务学习用书。

本书在编写过程中参考了大量教材，得到了有关专家学者、企业实务人员以及东北财经大学出版社的大力支持，在此一并表示感谢！

由于编者理论知识和实践能力有限，书中疏漏之处在所难免，敬请专家学者、使用本书的读者批评指正。

编　者

2023年5月

目　录

项目一

纳税基础知识

任务一　税收与税法认知

一、判断题（正确的打“√”，错误的打“×”）

1. 税收是国家取得财政收入的基本形式。（　）

2. 从理论上讲，税收的征税主体是国家，实际征收时一律由税务机关代表国家行使各税种的征税权。（　）

3. 国家对国有企业征税凭借的是财产权利。（　）

4. 获得授权的行政机关可以作为制定税法的主体。（　）

5. 税法的调整对象是税收分配关系。（　）

6. 从法律性质看，税法属于义务性法规。（　）

7. 按主权国家行使税收管辖权分类，可将税法分为国内税法与国际税法。（　）

8. 政府通过税收分配来满足全体国民对于各类公共产品和服务的需要，因此税收具有有偿的形式特征。（　）

9. 征税主体与纳税主体的法律地位是平等的，因此其权利义务也应对等。（　）

10. 按税法效力分类，可将税法分为税收实体法与税收程序法。（　）

二、不定项选择题（每题至少有一个正确答案，请将正确答案填在括号内）

1. 在税收分配活动中，税法的调整对象是（　）。

A. 税收分配关系　　B. 经济利益关系

C. 税收权利义务关系　　D. 税收征纳关系

2. 税法的特点体现在许多方面，从立法过程来看，税法属于（　）。

A. 义务性法规　　B. 授权性法规

C. 习惯法　　D. 制定法

3. 税收法规是国家最高行政机关、地方立法机关根据其职权或国家最高权力机关的授权，依据宪法和税收法律，通过一定法律程序制定的规范性税收文件。下列税法属于税收法规的是（　）。

A. 个人所得税法　　B. 增值税暂行条例

C. 税务行政复议规则　　D. 税务代理试行办法

4. 下列各项中，不属于税务机关职权的是（　）。

A. 税收检查权　　B. 税收行政立法权

C. 代位权和撤销权　　D. 税收法律立法权

5. 下列关于税收法律关系的表述中，正确的是（　）。

A. 税收法律关系是税法所确认和调整的，国家与纳税人之间在税收分配过程中形成的权利义务关系

B. 税收法律关系主体的一方只能是国家

C. 税收法律关系体现了国家和纳税人的意志

D. 税收法律关系中权利义务具有对等性

6. 下列各项中，属于我国现有税法形式的是（　　）。

A. 税收法律　　B. 税收行政法规

C. 税收基本法　　D. 国际条约

7. 下列各项中，属于税收法律关系客体的是（　　）。

A. 实物　　B. 货币　　C. 行为　　D. 环境

8. 我国有权制定税法或者税收政策的国家机关是（　　）。

A. 财政部　　B. 国家税务总局　　C. 海关总署　　D. 省级税务机关

9. 纳税主体的权利包括（　　）。

A. 税法知情权　　B. 要求税务机关保密权

C. 税收执法监督权　　D. 纳税登记权

10. 下列各项中，属于税收实体法的是（　　）。

A. 增值税暂行条例

B. 增值税暂行条例实施细则

C. 增值税专用发票管理办法

D. 增值税一般纳税人资格认定管理办法

三、辨析题

甲企业拖欠乙企业货款共计90.4万元。乙企业由于资金不能回笼，导致现金周转困难，遂拖欠增值税税款10.4万元。

请问：税务机关可以行使代位权要求甲企业划转该笔税款吗？

任务二　税法构成要素

一、判断题（正确的打“√”，错误的打“×”）

1. 税率是应纳税额与课税对象之间的数量关系或比例，是计算税额的尺度。（　　）

2. 税收优惠是指税法对某些特定的纳税人或征税对象给予的一种免除规定，它包括减免税、税收抵免等多种形式。（　　）

3. 一般来说，纳税地点与纳税义务发生地是一致的。（　　）

4. 纳税期限是指纳税义务发生的时间，纳税期限可分为按期纳税和按次纳税两种。（　　）

5. 纳税人的计税销售额超过免征额的，应就其“全部”销售额征税。（　　）

6. 起征点是指征税对象达到一定数额才开始征税的界限，征税对象的数额达到规定数额的，只对其超过部分的数额征税。（　　）

7. 纳税人是税款的直接负担者。（　　）

8.征税人是税法的构成要素之一，它是指代表国家行使征税权的税务机关和海关。（　　）

9.对于适用定额税率计算的税种，应从量计征。（　　）

10.所谓加成，就是在原有税率的基础上再加上加成率来计算应纳税额。（　　）

二、不定项选择题（每题至少有一个正确答案，请将正确答案填在括号内）

1.比例税率是指（　　）。

A.对同一征税对象或同一税目，不论数额大小只规定一个比例的税率，税额与课税对象成正比关系

B.对同一征税对象或同一税目，不论数量大小只规定一个比例的税率，税额与课税对象成反比关系

C.对同一征税对象或同一税目，不论数量大小只规定一个比例的税率，税额与课税对象成正比关系

D.对同一征税对象或同一税目，不论数额大小只规定一个比例的税率，税额与课税对象成反比关系

2.通过直接缩小计税依据的方式实现的减税免税是（　　）。

A.法定式减免　B.税率式减免　C.税额式减免　D.税基式减免

3.张某4月份取得应税收入3 800元，若规定起征点为1 500元，采用超额累进税率：应税收入500元以下的，适用税率为5%；应税收入500～2 000元的，适用税率为10%；应税收入2 000～5 000元的，适用税率为15%。张某当月应纳税额为（　　）元。

A.125　B.220　C.445　D.570

4.关于税收实体法构成要素，下列说法中不正确的是（　　）。

A.纳税人是税法规定的直接负有纳税义务的单位和个人，是实际负担税款的单位和个人

B.征税对象是税法中规定的征税的目的物，是国家征税的依据；计税依据是税法中规定的据以计算应纳税款的依据或标准

C.纳税人在计算应纳税款时，应以税法规定的税率为依据，因此，税法规定的税率反映了纳税人的税收实际负担率

D.税目是课税对象的具体化，反映具体征税范围，代表征税的广度

5.以征税对象数额的相对率划分若干级距，分别规定相应的差别税率，相对率每超过一个级距的，对超过的部分按高一级的税率计算纳税。这种税率称为（　　）。

A.差别比例税率　B.超额累进税率　C.全率累进税率　D.超率累进税率

6.税收制度的核心要素是（　　）。

A.征税对象　B.税率　C.税基　D.税源

7.下列各项中，纳税人与负税人通常不一致的是（　　）。

A.个人所得税　B.企业所得税　C.消费税　D.增值税

8.某卷烟厂为增值税一般纳税人，消费税以1个月为一期缴纳，其申报纳税的期限

为自期满之日起（　　）。

A.10日内　　B.5日内　　C.15日内　　D.30日内

9.下列各项中，属于我国现行税制纳税计算期限主要形式的是（　　）。

A.按期纳税　　B.按次纳税

C.按年计征，分期预缴　　D.随机确定

10.下列各项中，表述正确的是（　　）。

A.税目是区分不同税种的主要标志

B.税率是衡量税负轻重的重要标志

C.纳税人就是履行纳税义务的法人和自然人

D.征税对象就是税收法律关系中征纳双方权利义务所指的物品

三、辨析题

根据《中华人民共和国个人所得税法》的规定，个人综合性收入在计算个人所得税时，一般按月减除5 000元。有一种说法是：个人所得税的起征点为5 000元。

请问：这种说法准确吗?

任务三　应纳税种类及分类

一、判断题（正确的打“√”，错误的打“×”）

1.根据税收收入支配权限，消费税应当属于地方税。（　　）

2.按税收与价格的关系分类，增值税和消费税都属于价外税。（　　）

3.各种税收的滞纳金、补税、罚款，一律由税务机关负责收取。（　　）

4.从价税与价格密切相关，而从量税则与价格没有直接联系，这使得二者的适用范围和优缺点正好相反。（　　）

5.增值税全部由税务机关负责征收。（　　）

二、不定项选择题（每题至少有一个正确答案，请将正确答案填在括号内）

1.下列各项中，不属于对商品劳务流转额课税的税种是（　　）。

A.车船税　　B.消费税　　C.契税　　D.关税

2.下列各项中，具有流转税属性的是（　　）。

A.企业所得税　　B.关税　　C.资源税　　D.房产税

3.下列各项中，从收入支配权限来说，属于中央税的税种是（　　）。

A.关税　　B.企业所得税　　C.海关代征增值税　　D.消费税

4.我国税种可划分为货物与劳务税、所得税、财产税和行为税等类别，其分类标准是（　　）。

A.征税对象的性质　　B.管理和使用权限

C.税收和价格的关系　　D.预算收入构成和征税主管机关的不同

5.按（　　）分类，是我国目前税收分类的基本方法。

A.税收缴纳形式　　B.税负能否转嫁

C.计量标准　　D.征税对象

三、辨析题

甲、乙、丙三人拟合作开一家饭店，甲、乙二人各出资50万元，丙用个人名下房产及汽车进行投资，作价100万元。2022年3月，饭店完成商事登记，公司注册为有限责任公司并完成丙投入资产的产权转移登记。2022年4月，饭店开业并取得收入。

请问：该饭店2022年发生哪些税的纳税义务？

任务四　纳税基本程序

一、判断题（正确的打"√"，错误的打"×"）

1. 实行"多证合一、一照一码"登记制度后，企业可以不再到税务机关办理开业税务登记。（　　）

2. 因税务机关的责任使纳税人未缴或少缴税款的，税务机关在3年内可以要求纳税人补缴税款和滞纳金。（　　）

3. 纳税人因有特殊困难，经批准延期缴纳税款的，在批准的期限内，不加收滞纳金。（　　）

4.《发票管理办法》规定，禁止携带、邮寄或者运输空白发票出入境。（　　）

5. 纳税人善意取得的虚开的增值税专用发票，可以作为增值税合法的抵扣凭证抵扣进项税额。（　　）

6. 纳税人享有减税、免税待遇的，在减税、免税期间，也应当按照规定办理纳税申报。（　　）

7. 除法律、行政法规另有规定外，账簿、记账凭证、报表、完税凭证、发票、出口凭证及其他有关涉税资料应当保存5年。（　　）

8. 临时到本省、自治区、直辖市以外地区从事经营活动的单位或个人，跨区域经营结束时，向机构所在地的税务机关填报反馈表。（　　）

9. 加盖财务专用章的收据，可以作为财务报销凭证。（　　）

10. 企业因"三角债务"的长期存在，当期货币资金在扣除应付职工工资、社会保险费及应付账款后，不足以缴纳税款的，可以延期申报。（　　）

二、不定项选择题（每题至少有一个正确答案，请将正确答案填在括号内）

1.对欠税的纳税人、扣缴义务人，按日征收欠缴税款（　　）的滞纳金。

A.万分之五　　B.万分之二　　C.千分之五　　D.千分之二

2.下列各项中，应当办理开业登记的是（　　）。

A.市场监督管理局　　B.个体工商户

C.某有限责任公司　　D.企业在外地设立的分支机构

3.下列各项中，属于“五证合一”证件的是（　　）。

A.市场监管部门核发的营业执照　　B.质监部门核发的组织机构代码证

C.税务部门核发的税务登记证　　D.土地部门核发的土地使用证

4.商事登记是指商主体或商主体的筹办人，依照商事登记法律法规规定的内容和程序，向登记机关提出申请，经登记机关审查核准，并将登记事项记载于登记簿的法律行为。其登记的内容包括（　　）。

A.设立　　B.变更　　C.终止主体资格　　D.外出经营

5.采取邮寄方式进行纳税申报的，其实际申报日期为（　　）。

A.交寄日期　　B.税务机关签收日期

C.邮寄日期　　D.邮戳日期

6.发票专用章是指用票单位和个人在其开具发票时加盖的有其（　　）的印章。

A.名称　　B.地址

C.发票专用章字样　　D.纳税人识别号

7.下列各项关于跨区域涉税事项报验管理的表述中，错误的是（　　）。

A.跨区域涉税事项报验管理是为了解决跨区域经营纳税人的税收收入及征管职责在机构所在地与经营地之间划分问题的管理方式

B.按跨区域经营合同执行期限作为有效期限

C.纳税人跨省（含计划单列市）外出临时经营的，需要在经营地的机关填报《跨区域涉税事项报告表》

D.跨区域涉税事项由纳税人首次在经营地办理涉税事宜时，向经营地的税务机关报验

8.《税收征收管理法实施细则》规定，纳税人因住所、经营地点变动，涉及改变税务登记机关的，应当向原税务登记机关申报办理（　　）。

A.停业、复业登记　　B.变更登记

C.注销登记　　D.报验登记

9.下列各项关于税款追征与退还的表述中，正确的是（　　）。

A.纳税人多缴的税款，税务机关发现后应当立即退还

B.纳税人多缴的税款，自结算税款之日起5年内发现的，可以向税务机关要求退还

C.纳税人多缴的税款退回时，应当加算银行同期贷款利息

D.由于税务机关适用法规错误导致纳税人少缴税款的，税务机关可以在3年内补征税款和加收滞纳金

10.纳税人超过应纳税额缴纳的税款，税务机关发现后应当立即退还；纳税人自结算缴纳税款之日起（　　）内发现的，可以向税务机关要求退还，并加算同期银行存款利息。

A.1年　　B.3年　　C.5年　　D.15年

三、辨析题

1. 吉祥饮料公司认为其饮料配方属于技术秘密，因此在办理纳税申报时，从不提供有关账簿资料和会计报表。税务机关由于难以查核纳税人的收入，对该企业采取核定征收的办法征收税款。

请问：你认为税务机关的税款征收方法有法律依据吗？

2. 大学毕业的小张选择自主创业，在家人的帮助下开办了一家运输公司，经营范围包括普通货运、货运代理、仓储、人力搬运等，规模逐步扩大，但盈利水平始终不高。一个偶然的机会，小张发现以自己公司的名义为他人开具运输发票，能够获取“点差”，即开票收取的管理费百分点高于“税点”，遂有些心动，想采用虚构挂靠车辆的办法扩大业务量，为代开、虚开发票做铺垫。

请问：你认为小张的上述做法可行吗？如果小张将想法付诸实施，将会面临什么后果？

四、实训题

1. 实训目标：熟悉个体工商户“两证整合”开业登记工作流程。

2. 实训要求：填制《个体工商户开业登记申请书》。

3. 实训资料：

（1）个体工商户基本信息。

开业登记申请日期：2022年6月20日

名称：滨海市天成汽车修理厂

注册资金：300 000.00元

注册地址：滨海市海景区和平北路胜利南街丽华苑21号

生产经营地址：滨海市海景区和平北路胜利南街丽华苑21号

业主姓名：李强（个人经营）

经营范围：汽车修理及保养、清洗

生产经营期限：2022年6月20日至2032年6月19日

核算方式：独立经营

联系电话：××××-81265879、18596789123

邮政编码：116000

单位性质：个体工商户

从业人数：5人

信息资料：李强，男，身份证号201203196805070012，居住地及户籍所在地为滨海市海景区和平北路胜利北街文苑小区86号A栋B座

（2）个人其余资料略。

（3）《个体工商户开业登记申请书》见表1-1。

表1-1 个体工商户开业登记申请书

<table>
<tr><td rowspan="7">经营者</td><td>姓名</td><td></td><td>性别</td><td></td><td rowspan="7">照片粘贴处</td></tr>
<tr><td>身份证号码</td><td colspan="3"></td></tr>
<tr><td>住所</td><td colspan="3"></td></tr>
<tr><td>邮政编码</td><td></td><td>移动电话</td><td></td></tr>
<tr><td>固定电话</td><td></td><td>电子邮箱</td><td></td></tr>
<tr><td>政治面貌</td><td></td><td>民族</td><td></td></tr>
<tr><td>文化程度</td><td></td><td>职业状况</td><td></td></tr>
<tr><td>名称</td><td colspan="5"></td></tr>
<tr><td rowspan="2">备选字号</td><td colspan="5">1.</td></tr>
<tr><td colspan="5">2.</td></tr>
<tr><td rowspan="7">组成形式</td><td colspan="2">个人经营 □</td><td colspan="3">家庭经营 □</td></tr>
<tr><td rowspan="6">参加经营的
家庭成员姓名</td><td></td><td rowspan="6">参加经营的家
庭成员身份证
号码</td><td colspan="2"></td></tr>
<tr><td></td><td colspan="2"></td></tr>
<tr><td></td><td colspan="2"></td></tr>
<tr><td></td><td colspan="2"></td></tr>
<tr><td></td><td colspan="2"></td></tr>
<tr><td></td><td colspan="2"></td></tr>
<tr><td>经营范围</td><td colspan="5"></td></tr>
<tr><td rowspan="2">经营场所</td><td>地址</td><td colspan="4">______省（市/自治区）______市（地区/盟/自治州）______县（自治县/旗/自治旗/市/区）__________乡（民族乡/镇/街道）__________村（路/社区）________号</td></tr>
<tr><td>邮政编码</td><td></td><td>联系电话</td><td colspan="2"></td></tr>
<tr><td>从业人数</td><td colspan="2">（人）</td><td>资金数额</td><td colspan="2">（万元）</td></tr>
<tr><td colspan="6">本人依照《个体工商户条例》申请登记为个体工商户，提交文件材料真实有效。谨对真实性承担责任。

经营者签名：
年 月 日</td></tr>
</table>

项目二

增值税纳税实务

任务一　增值税基本要素

一、判断题（正确的打“√”，错误的打“×”）

1.增值税是对纳税人从事增值税应税行为取得的销售额全额征收的一种税，属于流转税的范畴。（　）

2.我国目前执行的增值税属于消费型增值税。（　）

3.增值税征税范围所指销售货物是指在我国境内有偿转让货物的所有权，因此，出口货物不属于增值税征税范围。（　）

4.增值税实行多环节征税制度，增值税应税货物从生产到消费的各个流通环节都缴纳增值税。（　）

5.电梯维修业务，应按照提供加工修理修配劳务缴纳增值税。（　）

6.申报进入我国海关的货物，在进口环节应计算缴纳增值税，由报关地税务机关负责征收。（　）

7.出租车公司向使用本公司自有出租车的出租车司机收取的管理费用，按照交通运输服务缴纳增值税。（　）

8.卫星发射服务属于航天运输服务，按照航空运输服务缴纳增值税。（　）

9.无运输工具承运业务属于运输代理，按照现代服务缴纳增值税。（　）

10.邮政集团公司及其所属邮政企业提供邮件寄递服务，属于快递服务，按照现代服务缴纳增值税。（　）

11.有线电视网络有限公司向用户收取的初装费，按照建筑服务缴纳增值税。（　）

12.某大型设备融资性售后回租业务，按照现代服务中的有形动产租赁缴纳增值税。（　）

13.将自产货物无偿赠送其他单位或个人，不取得经济利益，不缴纳增值税。（　）

14.退休职工从社会保险部门领取的养老金，不缴纳增值税。（　）

15.纳税人兼有不同税率的销售货物、加工修理修配劳务、服务、无形资产或者不动产，未分别核算的，从高适用税率缴纳增值税。（　）

二、不定项选择题（每题至少有一个正确答案，请将正确答案填在括号内）

1.纳税人将自产货物用于下列各项，应缴纳增值税的是（　）。

A.连续加工生产新产品　　B.发放给本单位优秀职工

C.赠送养老院　　D.抵偿欠款

2.企业将外购的货物用于下列各项，应缴纳增值税的是（　）。

A.装修办公楼　　B.本企业职工食堂

C.赠送当地小学　　D.抵偿债务

3.理发馆的下列行为中，应缴纳增值税的是（　）。

A.为员工家属免费理发　　B.为某明星义务设计形象
C.为社会公众义务理发　　D.进口染发水

4.根据增值税的有关法律规定，下列行为中，不缴纳增值税的是（　　）。
A.公司基本存款账户取得的利息收入
B.公司转让金融商品取得的收入
C.知识产权局收取的专利注册费
D.房地产开发企业销售房地产时代收的住宅专项维修资金

5.下列关于对某建筑公司的行为计算缴纳增值税的说法中，正确的是（　　）。
A.拆除建筑物，按建筑服务缴纳增值税
B.出租施工设备并配备操作人员的，按现代服务缴纳增值税
C.提供建筑劳务同时销售自产货物，无论如何核算，均按销售货物缴纳增值税
D.为关系单位无偿提供建筑服务不缴纳增值税

6.下列关于对某运输公司的业务缴纳增值税的说法中，正确的是（　　）。
A.将运输工具出租给他人使用，按交通运输服务纳税
B.提供车身的广告位给他人使用，按现代服务纳税
C.为某旅行社提供包车服务，由本公司雇员张某担任司机，并承担途中费用，按交通运输服务纳税
D.将已自用1年的车辆对外转让，按销售货物纳税

7.下列纳税人中，年应税销售额超过增值税规定的一般纳税人标准，可以选择小规模纳税人身份的是（　　）。
A.行政事业单位　　B.除个体工商户外的其他个人
C.个体工商户　　D.不经常发生应税行为的企业

8.下列各项中，按规定免纳增值税的是（　　）。
A.托儿所、幼儿园提供的保育和教育服务
B.医疗机构提供的医疗服务
C.个人转让著作权
D.代销福利彩票取得的收入

9.纳税人发生的下列应税行为中，可以开具增值税专用发票的是（　　）。
A.转让股票
B.向消费者个人销售不动产
C.代理报关向委托方收取的海关检验费
D.为某企业提供法律咨询服务

10.货运客运场站服务，应按照（　　）缴纳增值税。
A.交通运输服务　　B.不动产租赁服务
C.现代服务中的物流辅助服务　　D.现代服务中的商务辅助服务

三、辨析题

1.纳税人的哪些行为应视同销售货物缴纳增值税？试举例说明。

2. 混合销售行为应如何缴纳增值税？试举例说明。

3. 兼营行为应如何缴纳增值税？试举例说明。

任务二　一般计税方法应纳税额计算

一、判断题（正确的打“√”，错误的打“×”）

1. 增值税计税销售额是指纳税人发生增值税应税行为收取的全部价款和价外费用，但不包括收取的销项税额，所以增值税属于价外税。（　）

2. 纳税人发生贷款服务，增值税计税销售额是提供贷款服务取得的全部利息及利息性质的收入减去支付的存款利息后的余额。（　）

3. 纳税人受托加工应纳消费税货物，增值税计税销售额是包括代收消费税税款在内的加工劳务收入。（　）

4. 纳税人发生金融商品转让行为，以卖出价扣除买入价后的余额为增值税计税销售额。（　）

5. 纳税人提供建筑服务，以取得的全部价款和价外费用扣除支付的分包款后的余额为增值税计税销售额。（　）

6. 房地产开发企业中的一般纳税人销售其开发的房地产项目，以取得的全部价款和价外费用扣除受让土地时向政府部门支付的土地价款后的余额为销售额。（　）

7. 某酒厂（一般纳税人）销售散装白酒收取的包装物押金能够单独核算的，在收取当期不计算缴纳增值税。（　）

8. 某餐馆（一般纳税人）从猪肉批发市场购入生肉，取得增值税普通发票，可以按照发票注明的买价和10%的扣除率计算允许抵扣的进项税额。（　）

9. 某企业（一般纳税人）购进一辆商务车，用于企业生产经营，同时也用于职工福利，可以凭取得的增值税专用发票注明的增值税税额，核算允许抵扣的进项税额。（　）

10. 某税务师事务所（一般纳税人）举办年终酒会，购进食物、饮料等，取得增值税专用发票上注明的增值税税额，不得作为进项税额从销项税额中抵扣。（　）

二、不定项选择题（每题至少有一个正确答案，请将正确答案填在括号内）

1. 下列各项中，根据增值税的有关规定，不论一般纳税人还是小规模纳税人都可以按差额征税的是（　）。

A. 金融商品转让　B. 融资租赁服务　C. 经纪代理服务　D. 客运场站服务

2. 纳税人提供旅游服务，选择差额征税时，可以扣除向旅游服务购买方收取并支付给其他单位或者个人的费用是（　）。

A. 导游工资　B. 门票费　C. 住宿费　D. 签证费

3. 一般纳税人销售（　）收取的包装物押金，无论是否返还以及会计上如何核算，均应并入当期销售额征税。

A. 白酒　　B. 啤酒　　C. 黄酒　　D. 葡萄酒

4. 下列各项关于销售货物计算缴纳增值税的表述中，正确的是（　）。

A. 采取折扣方式销售货物的，可以扣除发票“备注”栏内注明的折扣额
B. 采取现金折扣方式的，纳税人负担的现金折扣不得从销售额中减除
C. 以旧换新销售家用电器的，不得扣减旧货物的收购价格
D. 以还本销售方式销售货物的，可以扣除还本支出

5. 某酒厂（一般纳税人）在生产经营过程中发生下列业务，取得增值税扣税凭证，可以核算允许扣除的进项税额的是（　）。

A. 从国外购进生产葡萄酒的专利技术　　B. 支付办公楼装修费
C. 从农村收购葡萄　　D. 支付广告费

6. 某房地产开发企业新开发房地产过程中支付下列款项（假定均取得增值税扣税凭证），核算时允许扣除进项税额的是（　）。

A. 支付施工企业商品房建造工程款　　B. 支付土地管理部门土地价款
C. 支付银行贷款利息　　D. 支付中介机构代销商品房手续费

7. 下列各项中，进项税额不得从销项税额中抵扣的是（　）。

A. 购进的旅客运输服务　　B. 非正常损失的不动产
C. 购进的餐饮服务　　D. 购进的生活服务

8. 企业外购的生产经营用汽车发生下列情况，已抵扣的进项税额需要转出的是（　）。

A. 交通事故报废　　B. 保管不善，被偷盗
C. 中途转让　　D. 地震损毁

9. 某餐饮企业（一般纳税人）的下列行为中，已抵扣的进项税额需要转出的是（　）。

A. 为本餐厅员工提供免费午餐
B. 在某平台销售外卖食品消耗的食材
C. 库存外购的食材发放给本单位员工
D. 库存外购的食材由于管理不善霉烂变质

10. 某增值税纳税人的下列购进业务均取得增值税扣税凭证，不允许核算进项税额的是（　）。

A. 为生产产品购进加工劳务　　B. 购进并验收入库的生产用原材料
C. 为销售货物支付运输费　　D. 购进专门用于免税项目的存货

11. 为确保行业税负只减不增，2023年1月1日起至2023年12月31日，对主营业务为（　）的纳税人，按照当期可抵扣进项税额加计5%抵减应纳税额。

A. 邮政　　B. 电信　　C. 现代服务　　D. 生活服务

12. 某家具厂2022年8月从农民手中收购原木10立方米，开具的农产品收购凭证注明金额为100 000元，当月生产家具领用4立方米，则该家具厂当月允许抵扣的进项税额为（　）元。

A. 9 400　　B. 10 000　　C. 3 600　　D. 4 000

13.某肉联厂2022年8月购进生肉生产火腿肠，取得小规模纳税人开具的增值税专用发票，注明金额100 000元、税额3 000元。假设购进的生肉当月全部生产领用，则当月该肉联厂上述业务允许抵扣的进项税额是（　　）元。

A.3 000　　B.9 000　　C.10 000　　D.12 000

14.某制造企业2016年购入车间生产用的锅炉一台，原值100万元，进项税额17万元已做进项抵扣，累计折旧金额为40万元，2022年8月改变其用途专用于职工浴室。该企业2022年8月计算出的进项税额转出为（　　）万元。

A.17　　B.10.2　　C.7.8　　D.6.8

15.自2022年4月1日起，扩大增值税期末留抵税额退税力度，一次性退还存量留抵税额的范围包括（　　）。

A.小型企业　　B.微型企业

C.先进制造业企业　　D.高新技术企业

三、计算分析题

1.某文化传媒公司是增值税一般纳税人，2022年8月发生以下经济业务：

（1）为甲公司的电子商务平台提供网页设计服务，取得含增值税价款10 600元。

（2）为乙公司商品宣传制作路牌广告，取得含增值税价款84 800元。

（3）策划和组织市农产品交易会，取得含增值税收入583 000元。

（4）参与某民间艺术宣传片制作，取得含增值税价款53 000元。

（5）转让某文化节目播映权，取得不含增值税价款100 000元。

（6）购买办公用电脑，取得增值税专用发票，注明价款50 000元，增值税6 500元；购买一辆小汽车供管理层使用，取得机动车销售统一发票，注明增值税13 000元；支付办公室房租，取得增值税专用发票，注明租金120 000元，增值税10 800元；支付租用摄像设备租金，取得增值税专用发票，注明租金6 000元，增值税780元；购入赠送客户用礼品，取得增值税专用发票，注明增值税4 800元。

企业取得的上述各类发票均已通过认证。

要求：计算该公司当月应纳增值税税额。

2.益家建筑公司是增值税一般纳税人，2022年8月发生以下经济业务：

2022年8月8日承接A装修项目，20日取得A装修项目发包方按进度支付的含增值税工程价款1 090 000元。2022年7月1日承接B工程项目，公司将B工程项目中的部分施工项目分包给乙公司，8月25日公司支付给乙公司工程分包款500 000元并取得增值税专用发票，注明价款458 715.60元，税款41 284.40元。8月30日B工程项目完工，收到发包方按合同支付的含增值税工程价款2 419 800元。

当月售出剩余建筑材料若干，开具增值税专用发票，注明价款100 000元，税款13 000元。

当月购买材料、机械等，取得增值税专用发票，注明金额为1 600 000元，其中600 000元用于A装修项目及其他，1 000 000元用于B工程项目。

益家建筑公司取得的上述各类发票均已通过认证，公司选择一般计税方法。

要求：计算益家建筑公司当月应纳增值税税额。

3.某旅行社为增值税一般纳税人，选择差额纳税方法，2022年8月发生以下经济业务：

取得旅游收入593 600元，房屋租赁含增值税收入289 800元（“营改增”前取得房产）。外包旅游大巴支付含税租赁费25 724元，取得增值税专用发票，注明价款23 600元，税款2 124元，对方配备司机。为游客支付住宿费80 000元，支付餐饮费40 000元，支付门票110 000元，支付接团企业费用150 000元，支付火车票、飞机票款共计130 000元。购买办公用品，取得增值税专用发票，注明价款2 800元，税款364元。

旅行社取得的增值税专用发票已通过认证，支付的款项均取得正规发票，房产租赁行为选择简易计税方法。

要求：计算该旅行社当月应纳增值税税额。

4.益康制药厂（增值税一般纳税人），主要生产一般应税药品和免税药品。2022年8月发生以下经济业务：

（1）应税药品不含增值税销售收入800 000元，免税药品销售收入200 000元。

（2）转让某药品生产专利技术，取得收入600 000元，已办理免征增值税备案手续。

（3）举办医药知识培训班，取得含增值税培训收入12 720元。

（4）购进应税药品专用原材料若干，取得增值税专用发票，注明价款250 000元，增值税32 500元。

（5）购进免税药品专用材料，取得增值税专用发票，注明价款120 000元，税款15 600元。

（6）购进包装物、低值易耗品、水、电等，取得增值税专用发票若干，进项税额共计16 800元。

（7）月底盘点，发现上月购进的账面价值为2 300元的应税药品专用原材料因管理不善变质。

（8）从农村收购中药材作为原材料，开具收购凭证，注明价款21 000元，已全部用于生产应税药品。

（9）报销营销人员差旅费，其中住宿费价税合计53 000元，取得增值税专用发票，注明价款50 000元，税款3 000元。报销其交通费8 000元，取得注明旅客身份信息的铁路车票金额共计6 000元、取得注明旅客身份信息的航空运输电子客票行程单注明票价2 000元。

（10）招待客户发生娱乐支出3 800元，取得增值税普通发票。

除原材料外，其他开支无法划分用于应税项目还是免税项目。纳税人取得的增值税扣税凭证均已通过认证。

要求：计算益康制药厂当月应纳增值税税额。

5.某银行为增值税一般纳税人，2022年8月发生以下经济业务：

（1）取得贷款利息收入1 560 000元，票据贴现利息收入520 000元，信用卡透支利息收入120 000元，罚息收入21 000元。

（2）资金结算、资金清算和金融支付等服务取得收入136 000元。

（3）转让金融商品取得收入580 000元，该批金融商品按加权平均法计算的买入价为450 000元，以前月份金融商品转让收益均为正值，已纳增值税。

（4）租入营业场所，支付1年租金共计262 500元，取得增值税专用发票，注明租金250 000元，增值税12 500元。

（5）装修租入营业场所，支付装修工程款32 700元，取得增值税专用发票，注明价款30 000元，增值税2 700元。

（6）本年5月购入已核算进项税额的商务车，本月专用于接送职工上下班。该车原值120 000元，已提折旧12 500元。

（7）支付通信费、水电费、物业费、宽带租用费等，均取得增值税专用发票，注明的增值税共计7 600元。

上述收入均为含增值税收入，纳税人取得增值税扣税凭证并均已通过认证。

要求：计算该银行当月应纳增值税税额。

6.顺达运输公司为增值税一般纳税人，2022年8月有以下经营活动：

（1）购进一批货物运输车辆，取得机动车销售统一发票，注明价款1 200 000元，增值税156 000元，支付车辆购置税120 000元，取得税务机关完税证明，支付牌照费3 000元，取得车辆管理部门收费凭证。

（2）为企业运输车辆上交本年度保险费，取得增值税专用发票，注明保险费80 000元，增值税4 800元。

（3）取得定点维修机构上季度车辆维修保养增值税专用发票，注明价款60 000元，增值税7 800元。

（4）结算本月加油支出，取得成品油增值税专用发票，注明价款150 000元，增值税19 500元。

（5）结算本月过桥、过路费支出，取得高速公路增值税电子普通发票，注明通行费56 000元，增值税1 680元。

（6）司机报销住宿费，取得增值税专用发票，注明住宿费7 800元，增值税468元。

（7）当月货物运输含增值税收入741 200元，客运含增值税收入348 800元，收到装卸含增值税收入26 500元，收到货场仓储含增值税收入16 960元，能够分别核算各项收入。

（8）联运业务支付联运方运费，取得增值税专用发票，注明价款13 000元，增值税1 170元。

上述收入均为含增值税收入，纳税人取得的增值税扣税凭证均已通过认证。

要求：计算该运输公司当月应纳增值税税额。

四、综合提高题

某保健品厂是专门从事食健字保健品生产的企业，被主管部门认定为增值税一般纳税人，2022年8月发生以下经济业务：

（1）8日，上缴7月份应交未交的增值税38 000元。

（2）9日，销售应税药品一批，开具增值税专用发票，共3张，合计不含增值税收入120 000元，款项已存入银行。

（3）10日，从农民手中收购玉米10吨作为原材料，每吨收购价1 600元，企业开具了经主管部门核准使用的“某市免税农产品专用收购凭证”，该批玉米已验收入库，款项已支付，购进玉米已于当月20日领用。

（4）12日，赊销一批保健品，合同规定含税售价113 000元，分四期等额收款，发货时收到应收货款和税款的25%，并开具相应的增值税专用发票一张，其余货款和税款在之后的3个月内分别收回，企业尚未开具发票。

（5）13日，厂办公室外购办公用品一批，取得增值税专用发票注明价款为400元，税金52元，款项已支付并已全部用于生产药品。

（6）15日，领用一批本厂生产的应税保健品发放给本单位职工，生产成本为1 000元，同类产品不含税价为2 000元。

（7）15日，预缴增值税15 000元。

（8）16日，从外地某农场购进玉米80吨，每吨收购价1 050元，取得农场开具的农产品销售发票一张，金额84 000元，另外支付给运输部门运费，取得增值税专用发票，注明运费1 650元，增值税148.5元，玉米已验收入库，款项已支付，购进的玉米当月尚未领用。

（9）17日，外购低值易耗品一批验收入库，取得增值税专用发票两张，合计价款6 000元，税款780元，款项已支付。

（10）25日，将一批应税保健品销售给某大医院，开具增值税普通发票一张，注明含增值税货款为226 000元，产品已发出，款项已收到。

（11）27日，外购粉碎机两台，取得增值税专用发票一张，注明价款5 000元，增值税650元，款项已支付。

（12）30日，通过本企业门市部本月零售保健品共取得现金收入13 673元，尚未开具发票。

（13）30日，取得闲置设备出租含增值税收入33 900元，开出增值税专用发票，以银行存款收讫。

（14）30日，用银行存款支付电话费，取得增值税专用发票，注明话费1 000元，增值税90元。

（15）月底盘点，发现库存的一批自产保健品由于管理不善变质，账面价值2 000元。经核实测算，生产成本中外购货物、劳务均为本月购进，所占比重为45%，企业未做出处理意见。

假定上述增值税专用发票于当月通过认证。

要求：

（1）计算当月进项税额、销项税额、应纳税额；

（2）对各业务进行账务处理，并做出月末结转增值税的账务处理。

任务三　简易计税方法应纳税额计算

一、判断题（正确的打“√”，错误的打“×”）

1. 典当业销售死当物品，可以选用简易办法纳税，征收率为3%。（　　）

2. 某自来水公司（一般纳税人）销售自来水，可以选择按简易办法依照3%征收率缴纳增值税。（　　）

3. 一般纳税人选择简易计税方法的应税行为，不得开具增值税专用发票。（　　）

4. 纳税人专用于简易计税项目的已使用外购固定资产，对外转让时，按其转让时取得的不含增值税销售额，适用13%税率计算缴纳增值税。（　　）

5. 一般纳税人提供有形动产租赁服务，可以选择简易办法计税。（　　）

6. 一般纳税人销售其2016年4月30日前取得（不含自建）的不动产，可以选择适用简易计税方法，以取得的全部价款和价外费用减去该项不动产购置原价或者取得不动产时的作价后的余额为销售额，按照5%的征收率计算应纳税额。（　　）

7. 一般纳税人出租其2016年4月30日前取得的不动产，可以选择适用简易计税方法，按照5%的征收率计算应纳税额。（　　）

8. 一般纳税人采用简易方法计算缴纳增值税后，36个月内不得变更。（　　）

9. 个人出租住房，按照5%的征收率减按1.5%计算增值税应纳税额。（　　）

10. 小规模纳税人提供旅游服务，适用简易计税方法，以旅游服务收入全额为计税销售额。（　　）

二、不定项选择题（每题至少有一个正确答案，请将正确答案填在括号内）

1. 根据增值税的相关规定，一般纳税人的下列经营活动可以选择简易计税方法的是（　　）。

A. 县级及县级以下小型火力发电单位生产的电力

B. 外购石料连续生产的地板砖

C. 用微生物制成的生物制品

D. 自来水

2. 根据增值税的相关规定，一般纳税人销售下列使用过的外购固定资产，可以选择简易方法计税的是（　　）。

A. 建筑公司销售2015年购入的施工机械

B. 工厂销售福利部门专用的空调

C. 物流公司转让选择简易计税方法纳税的装卸服务专用设备

D. 工厂销售福利部门和生产部门共同使用的车辆

3. 下列各项中，只能开具普通发票的是（　　）。

A. 销售使用过的固定资产，依3%征收率减按2%征税

B. 销售使用过的固定资产，依3%征收率放弃减税

C. 旧货经营单位销售旧货

D. 销售使用过的固定资产，依增值税税率计算纳税

4. 下列各项中，可以选择简易计税方法缴纳增值税的是（　　）。

A. 电影放映服务　B. 仓储服务　C. 收派服务　D. 餐饮服务

5. 一般纳税人的下列经营活动，可以选择简易计税方法，适用5%征收率计算缴纳增值税的是（　　）。

A. 出租“营改增”前购入的有形动产

B. 营改增前已签合同的尚未执行完毕的有形动产租赁

C. 出租营改增前已取得的不动产

D. 出租营改增后取得的不动产

6. 作为一般纳税人的建筑公司发生的下列建筑服务中，不能选择一般计税方法纳税的是（　　）。

A. 清包工项目

B. 甲供工程项目

C. 《建筑工程施工许可证》注明的合同开工日期在2016年4月30日前的建筑工程项目

D. 建筑工程总承包单位为房屋建筑的主体结构提供的工程服务

7. 一般纳税人的下列经营活动，可以选择简易计税方法，适用5%征收率计算缴纳增值税的是（　　）。

A. 销售其2016年4月30日前取得（不含自建）的不动产

B. 销售其2016年4月30日前自建的不动产

C. 房地产开发企业中的一般纳税人销售自行开发的房地产老项目

D. 出租其2016年4月30日前取得的不动产

8. 一般纳税人提供劳务派遣服务可以选择差额纳税，按照简易计税方法，依5%的征收率计算缴纳增值税。此时，可以从取得的价款和价外费用中扣减的是（　　）。

A. 代用工单位支付给劳务派遣员工的工资、福利

B. 代用工单位为劳务派遣员工办理的社会保险

C. 代用工单位为劳务派遣员工办理的住房公积金

D. 支付本单位员工的工资、福利

9. 小规模纳税人以销售额差额为计税销售额的经营活动是（　　）。

A. 销售其取得（不含自建）的不动产

B. 销售其自建的不动产

C. 销售自行开发的房地产项目

D. 出租其取得的不动产

10. 下列各项中，属于货物进口环节计算缴纳增值税组成计税价格的是（　　）。

A. 关税完税价格　B. 关税　C. 消费税　D. 增值税

三、计算分析题

1.某仓储型物流公司（增值税一般纳税人）主要经营货物仓储、装卸搬运、收派等服务业务。企业选择简易办法计算缴纳增值税。2022年8月，该公司取得仓储收入320 000元，装卸搬运收入150 000元，收派收入180 000元。当月发生各种单据印刷支出2 300元，取得普通发票；当月仓库电路维修支出3 500元，取得普通发票。该公司初次购进税控设备（金税盘）价税合计420元，取得增值税专用发票。上述收入均为含增值税收入。

要求：计算纳税人当月应纳增值税税额。

2.某宾馆（一般纳税人）2022年8月取得住宿收入350 000元，洗衣房收入21 200元，健身房收入53 000元，按摩中心收入84 000元。当月支付水费，取得增值税专用发票，注明价款5 000元，增值税150元；支付电费，取得增值税专用发票，注明价款10 000元，增值税1 300元；购入洗漱用品，取得增值税专用发票，注明价款30 000元，增值税3 900元。企业将一批2014年12月购进的客房家具淘汰，这批家具原值140 000元，已提折旧100 000元，售出取得含增值税价款5 800元，并开出普通发票。上述收入均为含增值税收入。

要求：计算纳税人当月应纳增值税税额。

3.益家建筑公司是增值税一般纳税人，2022年8月发生以下经济业务：

2022年8月8日承接A装修项目，8月20日取得A装修项目发包方按进度支付的含增值税工程价款1 090 000元。2022年7月1日承接B工程项目（选择简易计税方法），公司将B工程项目中的部分施工项目分包给乙公司，8月25日公司支付给乙公司工程分包款500 000元，取得增值税专用发票，注明价款458 715.60元，税款41 284.40元。8月30日B工程项目完工，收到发包方按合同支付的含增值税工程价款2 419 800元。

当月售出剩余建筑材料若干，开具增值税专用发票，注明价款100 000元，税款13 000元。

当月购买材料、机械等，取得增值税专用发票，注明金额为1 600 000元，其中600 000元用于A装修项目及其他，1 000 000元用于B工程项目。

益家建筑公司取得的上述各类发票均已通过认证。

要求：

（1）计算益家建筑公司8月应纳增值税税额。

（2）与任务二中计算分析题第2题比较，体会建筑企业选择简易计税方法的条件，并分析简易计税方法和一般计税方法的异同。

4.某食品加工企业是增值税小规模纳税人，兼营餐饮服务。2022年10月食品销售收入69 000元，餐饮收入18 000元；11月食品销售收入96 000元，餐饮收入21 000元；12月食品销售收入195 000元，餐饮收入25 000元。其中，食品销售收入36 000元部分开具增值税专用发票，其余部分自行开具普通发票，餐饮收入未开具正规发票。上述所有收入都包含增值税。

要求：计算该食品加工企业当季应纳增值税税额。

5.某家具厂是增值税一般纳税人，2022年11月“应交税费——应交增值税”账户期初没有余额，当月发生以下经济业务：

（1）外购用于生产家具的木材一批，全部价款已付并验收入库，取得对方开具的增值税专用发票，注明价款350 000元，增值税45 500元，运输部门开具增值税专用发票，注明运费5 400元，增值税486元。

（2）外购建筑用涂料用于装饰公司旧办公楼，取得对方开具的增值税专用发票，注明价款12 000元，增值税1 560元，装修费小于该办公楼原值的50%。

（3）进口生产家具用的辅助材料一批，关税完税价格80 000元，已纳关税税额10 000元，材料已入库，税款已缴纳并取得海关增值税专用缴款书。

（4）销售家具一批，取得含增值税销售额904 000元。

要求：计算该家具厂当月应纳增值税税额。

四、综合提高题

HL酒店是增值税一般纳税人，主营住宿、餐饮服务，另有洗衣房、商务中心、收费停车场等。2022年11月，该酒店发生以下业务：

（1）对外提供会议服务，具体包含餐饮服务、住宿服务及大会堂使用，一并取得含增值税款项127 200元，按会议服务开具增值税发票。

（2）长包房收入21 200元，餐饮收入265 000元，洗衣房收入9 434元，商务中心的打印、复印、传真、快递服务收入共3 667.60元。

（3）商品部收入40 680元，没有低税率货物销售。商品部购进货物，取得增值税专用发票，注明价款28 000元，税款3 640元。

（4）避孕药品和用具销售收入3 000元，进货成本2 100元。

（5）停车费收入6 825元，将场地出租给银行安放ATM机取得收入3 360元，停车与租赁场地于2016年4月30日前取得。

（6）酒店购进客房用品，取得增值税专用发票，注明价款30 000元，税款3 900元。

（7）向增值税一般纳税人购进面粉、食用油等食材，取得增值税专用发票，注明价款16 000元，税款1 440元。购进酒水、饮料、卷烟等，取得增值税专用发票，注明价款15 000元，税款1 950元。

（8）向小规模纳税人购进水果农产品，取得对方开具的增值税普通发票，注明买价5 000元。

（9）向农业生产者个人购进自产蔬菜、鸡蛋等，酒店开具增值税普通发票（系统在发票左上角自动打印“收购”字样），注明买价4 000元。

（10）从批发、零售环节购进鲜活肉产品，取得的增值税普通发票“税额栏”数据为“0”或“*”，金额为6 000元。

（11）餐厅管理不善丢失外购食用油一批，价值3 500元，由值班人员赔偿2 000元，其他由酒店承担。

要求：

（1）计算该酒店按简易计税方法应纳增值税税额。

（2）计算该酒店按一般计税方法应纳增值税税额。

（3）计算该酒店当月应纳税额。

任务四　增值税征收管理与纳税申报

一、判断题（正确的打“√”，错误的打“×”）

1.纳税人销售货物，不论是否开具发票，在收讫销售款项或者取得索取销售款项凭据的当天，确认增值税纳税义务的发生。（　）

2.采取直接收款方式销售货物，不论货物是否发出，增值税纳税义务发生时间均为收到销售款或者取得索取销售款凭据的当天。（　）

3.采取赊销和分期收款方式销售货物，增值税纳税义务发生时间为实际收到货款的当天。（　）

4.纳税人提供建筑服务采取预收款方式的，其纳税义务发生时间为收到预收款的当天。（　）

5.银行缴纳增值税的纳税期限为一个季度。（　）

6.纳税人进口货物，应当自海关填发进口增值税专用缴款书之日起10日内缴纳税款。（　）

7.一般纳税人提供建筑服务，应在建筑服务发生地主管税务机关申报缴纳增值税。（　）

8.其他个人出租不动产，应在不动产所在地税务机关申报缴纳增值税。（　）

9.一般纳税人跨地级行政区提供建筑服务，适用一般计税方法计税的，以取得的全部价款和价外费用，按照2%的预征率计算应预缴的税款。（　）

10.房地产开发企业采取预收款方式销售所开发的房地产项目，在收到预收款时，按照3%的预征率预缴增值税。（　）

二、不定项选择题（每题至少有一个正确答案，请将正确答案填在括号内）

1.某企业销售一批货物，10月5日签订销货合同，合同约定10月25日发货，11月20日前收到货款，收到货款时开具发票。合同执行结果是按时发货，12月5日收到货款。该销售业务应计算销项税额的时间是（　）。

A.10月5日　B.11月20日　C.12月5日　D.10月25日

2.按照增值税的规定，纳税人采取预收款方式的，其纳税义务发生时间为收到预收款当天的经济业务是（　）。

A.销售服装　B.建筑服务　C.不动产租赁服务　D.广告服务

3.按照增值税的规定，下列属于以一个季度为纳税期限的纳税人是（　）。

A.银行　B.信用社　C.小规模纳税人　D.财务公司

4.按照增值税的有关规定，应当向其机构所在地主管税务机关申报纳税的是（　）。

A.旅游公司组织游客外地旅游　B.建筑公司提供外地建筑服务

C.一般纳税人出租外地不动产　　D.运输公司送货到外地

5.按照增值税的有关规定，纳税人应在应税行为发生地预缴税款的应税行为是（　　）。

A.纳税人跨地级行政区提供建筑服务

B.纳税人出租坐落在机构所在地以外的不动产

C.纳税人转让坐落在机构所在地以外的不动产

D.纳税人跨县（市、区）提供文化体育服务

6.某建筑企业（一般纳税人）承揽当地的建筑服务，适用一般计税方法计税，取得含增值税预收工程款109万元，支付含税分包款3.27万元，取得增值税专用发票。该企业应向建筑服务发生地预缴税款的算式是（　　）。

A.（109－3.27）÷（1＋3%）×3%　　B.（109－3.27）÷（1＋3%）×2%

C.（109－3.27）÷（1＋9%）×2%　　D.109÷（1＋9%）×2%

7.2022年8月10日，某建筑企业（一般纳税人）跨地级行政区承揽建筑服务，适用简易计税方法计税，取得含增值税工程价款109万元，支付含税分包款3.27万元，取得增值税专用发票。该企业应向建筑服务发生地预缴税款的算式是（　　）。

A.（109－3.27）÷（1＋3%）×3%　　B.（109－3.27）÷（1＋3%）×2%

C.（109－3.27）÷（1＋9%）×2%　　D.109÷（1＋9%）×2%

8.2022年8月1日，一般纳税人销售其2016年5月1日后购买的不动产，取得含增值税价款656万元，购置原价600万元，缴纳契税18万元。纳税人应向不动产所在地税务机关预缴增值税的算式是（　　）。

A.（656－600－18）÷（1＋9%）×5%　B.（656－600）÷（1＋9%）×5%

C.（656－600）÷（1＋5%）×5%　　D.656÷（1＋9%）×5%

9.房地产开发企业应该预缴增值税的经营活动是（　　）。

A.销售坐落在机构所在地以外的老项目

B.销售坐落在机构所在地的老项目

C.采取预收款方式销售坐落在机构所在地的开发房地产项目

D.采取预收款方式销售坐落在机构所在地以外的开发房地产项目

10.纳税人出租坐落在机构所在地以外的不动产，依3%预缴增值税的是（　　）。

A.一般纳税人出租其2016年5月1日后取得的不动产

B.小规模纳税人出租其取得的不动产

C.一般纳税人出租其2016年4月30日前取得的不动产，适用一般计税方法计税的

D.一般纳税人出租其2016年4月30日前取得的不动产，适用简易计税方法计税的

三、计算分析题

1.某商贸企业是增值税一般纳税人，机构所在地为M地。该企业在A地有闲置的一处房产，该房产建造于2012年，2022年8月对外出租，出租期限3年，8月底一次性取得3年含增值税租金90万元。在B地有一处仓库，于2016年6月1日开始建造，2017年12月建造完成并投入使用，2022年8月将其中一部分对外出租，租期1年，8月底取得

全年含增值税租金20万元。

要求：分析A地、B地房产出租分别可以选择哪种计税方法，并说明两种方法如何向房产所在地预缴增值税，如何向机构所在地申报缴纳增值税。

2.某建筑公司的机构所在地是A市，为增值税一般纳税人。2022年8月，该企业在甲市的一处工程（该工程属于建筑项目的主体工程）完工，结算工程尾款2 300 000元，提前竣工奖275 000元。由于建设单位资金紧张，其用一处房产抵偿工程款2 000 000元，建筑公司实际收到款项575 000元。该公司取得建设单位开具的增值税专用发票，注明不动产价款1 800 000元，增值税90 000元。向建设单位开具建筑服务增值税专用发票，注明建筑服务价款2 500 000元，增值税75 000元。该工程部分项目分包给A公司，支付A公司分包款价税合计154 500元，取得A公司开具的增值税专用发票，注明价款150 000元，税款4 500元。建筑公司将取得的房产出租，签订出租合同，租期3年，每月租金130 800元，5月底取得1年租金1 569 600元，开出增值税专用发票，注明租金1 440 000元，增值税129 600元。甲市工程选择简易计税方法。该企业在乙市新承揽一处工程，合同约定开工日期为2022年9月1日，8月25日取得前期工程款1 417 000元，开出增值税专用发票，注明工程价款1 300 000元，增值税117 000元。乙市工程选择一般计税方法。8月份为乙市项目购进货物、服务、劳务，取得增值税专用发票12张，进项税额合计210 000元。

假设A市、甲市、乙市不在同一省份。

要求：

（1）计算该建筑公司应在甲市预缴的增值税税额。

（2）计算该建筑公司应在乙市预缴的增值税税额。

（3）计算该建筑公司当月应在机构所在地纳税申报补缴的税额。

3.某房地产开发企业是增值税一般纳税人，其开发项目均在本地，2022年8月发生以下经济业务：

（1）销售自行开发的甲房地产项目，选择一般计税方法，开具增值税专用发票取得含增值税收入1 090 000元，当期允许扣除的土地价款为218 000元，以预收款方式取得甲项目二期项目房屋预售款327 000元。

（2）销售2016年4月30日前自行开发的房地产项目，开具普通发票取得含增值税收入525 000元。

（3）向个人出租2016年4月30日前自建的房地产，收取含税租金126 000元。

（4）购买价值为200 000元（不含税）的混凝土，取得的增值税专用发票上注明的进项税额为6 000元，全部用于简易计税方法的房地产老项目。

（5）支付建筑商的建筑费用，价税合计872 000元（其中654 000元用于一般计税方法计税项目，218 000元用于简易计税方法计税项目），取得的增值税专用发票上注明的进项税额为72 000元。

（6）购进建筑材料，价税合计113 000元，取得的增值税专用发票上注明的进项税额为13 000元，当月已全部领用，且无法准确划分是一般计税方法还是简易计税方法。当期的房地产总项目规模为1 968 000元。

（7）购买防伪税控设备支付490元，支付1年的增值税防伪税控系统技术维护费

330元，均取得增值税专用发票。

对于上述项目，只要根据增值税有关规定可以选择简易计税方法的，企业均选择简易计税方法。

要求：

（1）计算采取预收款方式销售的房地产应预缴的税款。

（2）计算当月简易计税方法项目的应纳税额。

（3）计算当月一般计税方法项目的应纳税额。

（4）计算当月纳税申报应补缴的税款。

4. 某新型建筑材料生产企业是增值税一般纳税人，2022年11月初"应交税费——应交增值税"科目有借方余额5 000元，当月发生以下经济业务：

（1）企业购入甲材料一批，收到增值税专用发票，注明价款120 000元，税款15 600元；支付运输部门运费，取得增值税专用发票，注明运费3 600元，税款324元；支付装卸费，取得增值税专用发票，注明装卸费1 200元，税款72元。

（2）企业仓库管理不善，造成渗水事故，导致库存外购材料损失，损失部分账面价值5 600元。

（3）企业新建厂房领用外购材料一批，账面价值20 000元。领用自产建筑材料一批，生产成本30 000元，市场上不含增值税销售价格40 000元。

（4）月初将成本为230 000元、不含增值税市场价格为400 000元的一批新型材料发往W地，委托当地某公司代销。月末收到代销清单，销售20%，不含税销售价款80 000元，对方按不含税价款的5%收取手续费，实际收到价税款合计86 400元。给对方开出增值税专用发票，并取得对方开具的增值税专用发票，注明经纪代理价款3 773.58元，税款226.42元。

（5）企业以分期收款方式销售新型材料一批，账面成本500 000元，市场不含增值税价格650 000元。货物发出，双方约定月末收取价税款的30%，收到款项时开具增值税专用发票。

要求：计算当月应纳增值税税额。

四、实训题

实训一　增值税一般计税方法纳税申报技能实训

1. 实训目标

熟悉增值税一般纳税人纳税申报表及其附列资料的基本内容，掌握填制一般纳税人纳税申报表的基本技能。

2. 实训要求

根据实训资料填制增值税一般纳税人纳税申报表及其附列资料。

3. 业务资料

详见"任务二　一般计税方法应纳税额计算"的综合提高题所给保健品厂业务资料，企业纳税申报日期为2022年9月12日。

4. 实训资料

（1）《增值税及附加税费申报表（一般纳税人适用）》见表2-1。

表2-1

增值税及附加税费申报表（一般纳税人适用）

根据国家税收法律法规及增值税相关规定制定本表。纳税人不论有无销售额，均应按税务机关核定的纳税期限填写本表，并向当地税务机关申报。

税款所属时间：自 年 月 日至 年 月 日 填表日期： 年 月 日 金额单位：元（列至角分）

纳税人识别号（统一社会信用代码）：□□□□□□□□□□□□□□□□□□□□□□ 所属行业：

纳税人名称	（公章）	法人代表姓名		注册地址	生产经营地址	
开户行及账号		登记注册类型			电话号码	

	项目	栏次	一般项目		即征即退项目	
			本月数	本年累计（略）	本月数	本年累计
销售额	（一）按适用税率计税销售额	1				
	其中：应税货物销售额	2				
	应税劳务销售额	3				
	纳税检查调整的销售额	4				
	（二）按简易计税办法计税销售额	5				
	其中：纳税检查调整的销售额	6				
	（三）免、抵、退办法出口销售额	7			—	—
	（四）免税销售额	8			—	—
	其中：免税货物销售额	9			—	—
	免税劳务销售额	10			—	—

续表

项目		栏次	一般项目		即征即退项目	
			本月数	本年累计（略）	本月数	本年累计
税款计算	销项税额	11				
	进项税额	12				
	上期留抵税额	13				—
	进项税额转出	14				
	免、抵、退应退税额	15			—	—
	按适用税率计算的纳税检查应补缴税额	16			—	—
	应抵扣税额合计	17 = 12 + 13−14−15 + 16		—		—
	实际抵扣税额	18（如17<11，则为17，否则为11）				
	应纳税额	19 = 11−18				
	期末留抵税额	20 = 17−18				—
	简易计税办法计算的应纳税额	21				
	按简易计税办法计算的纳税检查应补缴税额	22		—		—
	应纳税额减征额	23				
	应纳税额合计	24 = 19 + 21−23				

续表

项目		栏次	一般项目		即征即退项目	
			本月数	本年累计（略）	本月数	本年累计
税款缴纳	期初未缴税额（多缴为负数）	25				
	实收出口开具专用缴款书退税额	26			—	—
	本期已缴税额	27 = 28 + 29 + 30 + 31				
	①分次预缴税额	28		—		—
	②出口开具专用缴款书预缴税额	29		—	—	—
	③本期缴纳上期应纳税额	30				
	④本期缴纳欠缴税额	31				
	期末未缴税额（多缴为负数）	32 = 24 + 25 + 26−27				
	其中：欠缴税额（≥0）	33 = 25 + 26−27		—		—
	本期应补（退）税额	34 = 24−28−29		—		—
	即征即退实际退税额	35	—	—		
	期初未缴查补税额	36			—	—
	本期入库查补税额	37			—	—
	期末未缴查补税额	38 = 16 + 22 + 36−37			—	—
附加税费	城市维护建设税本期应补（退）税额	39			—	—
	教育费附加本期应补（退）税额	40			—	—
	地方教育附加本期应补（退）税额	41			—	—

声明：此表是根据国家税收法律法规及相关规定填写的，本人（单位）对填报内容（及附带资料）的真实性、可靠性、完整性负责。

纳税人（签章）： 年 月 日

经办人： 经办人身份证号： 代理机构签章： 代理机构统一社会信用代码：	受理人： 受理税务机关（章）： 受理日期： 年 月 日

（2）《增值税及附加税费申报表附列资料（一）》（本期销售情况明细）见表2-2。

表2-2　增值税及附加税费申报表附列资料（一）

（本期销售情况明细）

税款所属时间：　　年　月　日至　　年　月　日

纳税人名称：（公章）　　　　　　　　　　　　　　　　　　　　　　　　金额单位：元（列至角分）

项目及栏次				开具增值税专用发票		开具其他发票		未开具发票		纳税检查调整		合计			服务、不动产和无形资产扣除项目本期实际扣除金额	扣除后	
				销售额	销项（应纳）税额	销售额	销项（应纳）税额	销售额	销项（应纳）税额	销售额	销项（应纳）税额	销售额	销项（应纳）税额	价税合计		含税（免税）销售额	销项（应纳）税额
				1	2	3	4	5	6	7	8	9=1+3+5+7	10=2+4+6+8	11=9+10	12	13=11-12	14=13÷（100%+税率或征收率）×税率或征收率
一、一般计税方法计税	全部征税项目	13%税率的货物及加工修理修配劳务	1											—	—	—	—
		13%税率的服务、不动产和无形资产	2														
		9%税率的货物及加工修理修配劳务	3														
		9%税率的服务、不动产和无形资产	4														
		6%税率	5														
	其中：即征即退项目	即征即退货物及加工修理修配劳务	6	—	—	—	—	—	—	—	—			—	—	—	—
		即征即退服务、不动产和无形资产	7	—	—	—	—	—	—	—	—						
二、简易计税方法计税	全部征税项目	6%征收率	8							—	—			—	—	—	—
		5%征收率的货物及加工修理修配劳务	9a							—	—			—	—	—	—
		5%征收率的服务、不动产和无形资产	9b							—	—						
		4%征收率	10							—	—			—	—	—	—
		3%征收率的货物及加工修理修配劳务	11							—	—			—	—	—	—
		3%征收率的服务、不动产和无形资产	12							—	—						

续表

项目及栏次				开具增值税专用发票		开具其他发票		未开具发票		纳税检查调整		合计			服务、不动产和无形资产扣除项目本期实际扣除金额	扣除后	
				销售额	销项（应纳）税额	销售额	销项（应纳）税额	销售额	销项（应纳）税额	销售额	销项（应纳）税额	销售额	销项（应纳）税额	价税合计		含税（免税）销售额	销项（应纳）税额
				1	2	3	4	5	6	7	8	9=1+3+5+7	10=2+4+6+8	11=9+10	12	13=11-12	14=13÷（100%+税率或征收率）×税率或征收率
二、简易计税方法计税	全部征税项目	预征率 %	13a							—	—						
		预征率 %	13b							—	—						
		预征率 %	13c							—	—						
	其中：即征即退项目	即征即退货物及加工修理修配劳务	14	—	—	—	—	—	—	—	—			—	—	—	—
		即征即退服务、不动产和无形资产	15	—	—	—	—	—	—	—	—						
三、免抵退税	货物及加工修理修配劳务		16	—	—		—		—	—	—		—	—	—	—	—
	服务、不动产和无形资产		17	—	—		—		—	—	—		—				—
四、免税	货物及加工修理修配劳务		18				—		—	—	—		—	—	—	—	—
	服务、不动产和无形资产		19	—	—		—		—	—	—		—				—

（3）《增值税及附加税费申报表附列资料（二）》（本期进项税额明细）见表2-3。

表2-3　　增值税及附加税费申报表附列资料（二）

（本期进项税额明细）

税款所属时间：　　年　月　日至　　年　月　日

纳税人名称：（公章）　　金额单位：元（列至角分）

一、申报抵扣的进项税额				
项目	栏次	份数	金额	税额
（一）认证相符的增值税专用发票	1＝2＋3			
其中：本期认证相符且本期申报抵扣	2			
前期认证相符且本期申报抵扣	3			
（二）其他扣税凭证	4＝5＋6＋7＋8a+8b			
其中：海关进口增值税专用缴款书	5			
农产品收购发票或者销售发票	6			
代扣代缴税收缴款凭证	7		—	
加计扣除农产品进项税额	8a			
其他	8b			
（三）本期用于购建不动产的扣税凭证	9			
（四）本期用于抵扣的旅客运输服务扣税凭证	10			
（五）外贸企业进项税额抵扣证明	11	—	—	
当期申报抵扣进项税额合计	12＝1＋4-9＋10＋11			

二、进项税额转出额		
项目	栏次	税额
本期进项税额转出额	13＝14至23之和	
其中：免税项目用	14	
集体福利、个人消费	15	
非正常损失	16	
简易计税方法征税项目用	17	
免抵退税办法不得抵扣的进项税额	18	
纳税检查调减进项税额	19	
红字专用发票信息表注明的进项税额	20	
上期留抵税额抵减欠税	21	

续表

项目	栏次	份数	金额	税额
上期留抵税额退税	22			
异常凭证转出进项税额	23a			
其他应作进项税额转出的情形	23b			
三、待抵扣进项税额				
项目	栏次	份数	金额	税额
（一）认证相符的增值税专用发票	24	—	—	—
期初已认证相符但未申报抵扣	25			
本期认证相符且本期未申报抵扣	26			
期末已认证相符但未申报抵扣	27			
其中：按照税法规定不允许抵扣	28			
（二）其他扣税凭证	29 = 30至33之和			
其中：海关进口增值税专用缴款书	30			
农产品收购发票或者销售发票	31			
代扣代缴税收缴款凭证	32		—	
其他	33			
	34			
四、其他				
项目	栏次	份数	金额	税额
本期认证相符的增值税专用发票	35			
代扣代缴税额	36	—	—	

实训二　增值税预缴申报技能实训

1.实训目标

熟悉增值税一般纳税人纳税申报表及其附列资料基本内容，掌握填制一般纳税人纳税申报表的基本技能。

2.实训要求

根据实训资料填制增值税一般纳税人纳税申报表及其附列资料。

3.业务资料

详见“任务四　增值税征收管理与纳税申报”的计算分析题第2题所给建筑公司业务资料。企业纳税申报日期为2022年9月12日。

4.实训资料

（1）《增值税及附加税费申报表（一般纳税人适用）》见表2-4。

表2-4　　**增值税及附加税费申报表（一般纳税人适用）**

根据国家税收法律法规及增值税相关规定制定本表。纳税人不论有无销售额，均应按税务机关核定的纳税期限填写本表，并向当地税务机关申报。

税款所属时间：自　　年　月　日至　　年　月　日　　　　填表日期：　　年　月　日　　　　金额单位：元（列至角分）

纳税人识别号（统一社会信用代码）：□□□□□□□□□□□□□□□□□□　　　　所属行业：

纳税人名称	（公章）	法人代表姓名		注册地址		生产经营地址	
开户行及账号			登记注册类型			电话号码	

项目		栏次	一般项目		即征即退项目	
			本月数	本年累计（略）	本月数	本年累计
销售额	（一）按适用税率计税销售额	1				
	其中：应税货物销售额	2				
	应税劳务销售额	3				
	纳税检查调整的销售额	4				
	（二）按简易计税办法计税销售额	5				
	其中：纳税检查调整的销售额	6				
	（三）免、抵、退办法出口销售额	7			—	—
	（四）免税销售额	8			—	—
	其中：免税货物销售额	9			—	—
	免税劳务销售额	10			—	—

续表

项目		栏次	一般项目		即征即退项目	
			本月数	本年累计（略）	本月数	本年累计
税款计算	销项税额	11				
	进项税额	12				
	上期留抵税额	13				—
	进项税额转出	14				
	免、抵、退应退税额	15			—	—
	按适用税率计算的纳税检查应补缴税额	16			—	—
	应抵扣税额合计	17 = 12 + 13−14−15 + 16		—		—
	实际抵扣税额	18（如17<11，则为17，否则为11）				
	应纳税额	19 = 11−18				
	期末留抵税额	20 = 17−18				—
	简易计税办法计算的应纳税额	21				
	按简易计税办法计算的纳税检查应补缴税额	22		—		—
	应纳税额减征额	23				
	应纳税额合计	24 = 19 + 21−23				

续表

项目		栏次	一般项目		即征即退项目	
			本月数	本年累计（略）	本月数	本年累计
税款缴纳	期初未缴税额（多缴为负数）	25				
	实收出口开具专用缴款书退税额	26			—	—
	本期已缴税额	27 = 28 + 29 + 30 + 31				
	①分次预缴税额	28		—		—
	②出口开具专用缴款书预缴税额	29		—	—	—
	③本期缴纳上期应纳税额	30				
	④本期缴纳欠缴税额	31				
	期末未缴税额（多缴为负数）	32 = 24 + 25 + 26−27				
	其中：欠缴税额（≥0）	33 = 25 + 26−27		—		—
	本期应补（退）税额	34 = 24−28−29		—		—
	即征即退实际退税额	35	—	—		
	期初未缴查补税额	36			—	—
	本期入库查补税额	37			—	—
	期末未缴查补税额	38 = 16 + 22 + 36−37			—	—
附加税费	城市维护建设税本期应补（退）税额	39			—	—
	教育费附加本期应补（退）税额	40			—	—
	地方教育附加本期应补（退）税额	41			—	—

声明：此表是根据国家税收法律法规及相关规定填写的，本人（单位）对填报内容（及附带资料）的真实性、可靠性、完整性负责。

纳税人（签章）： 年 月 日

经办人： 经办人身份证号： 代理机构签章： 代理机构统一社会信用代码：	受理人： 受理税务机关（章）： 受理日期： 年 月 日

（2）《增值税及附加税费申报表附列资料（一）》（本期销售情况明细）见表2-5。

表2-5　　增值税及附加税费申报表附列资料（一）

（本期销售情况明细）

税款所属时间：　　年　月　日至　　年　月　日

纳税人名称：（公章）　　　　　　　　　　　　　　　　金额单位：元（列至角分）

项目及栏次				开具增值税专用发票		开具其他发票		未开具发票		纳税检查调整		合计			服务、不动产和无形资产扣除项目本期实际扣除金额	扣除后	
				销售额	销项（应纳）税额	销售额	销项（应纳）税额	销售额	销项（应纳）税额	销售额	销项（应纳）税额	销售额	销项（应纳）税额	价税合计		含税（免税）销售额	销项（应纳）税额
				1	2	3	4	5	6	7	8	9=1+3+5+7	10=2+4+6+8	11=9+10	12	13=11-12	14=13÷（100%+税率或征收率）×税率或征收率
一、一般计税方法计税	全部征税项目	13%税率的货物及加工修理修配劳务	1											—	—	—	—
		13%税率的服务、不动产和无形资产	2														
		9%税率的货物及加工修理修配劳务	3														
		9%税率的服务、不动产和无形资产	4														
		6%税率	5														
	其中：即征即退项目	即征即退货物及加工修理修配劳务	6	—	—	—	—	—	—	—	—			—	—	—	—
		即征即退服务、不动产和无形资产	7	—	—	—	—	—	—	—	—						
二、简易计税方法计税	全部征税项目	6%征收率	8							—	—			—	—	—	—
		5%征收率的货物及加工修理修配劳务	9a							—	—			—	—	—	—
		5%征收率的服务、不动产和无形资产	9b							—	—						
		4%征收率	10							—	—			—	—	—	—
		3%征收率的货物及加工修理修配劳务	11							—	—			—	—	—	—
		3%征收率的服务、不动产和无形资产	12							—	—						

续表

项目及栏次				开具增值税专用发票		开具其他发票		未开具发票		纳税检查调整		合计			服务、不动产和无形资产扣除项目本期实际扣除金额	扣除后	
				销售额	销项（应纳）税额	销害额	销项（应纳）税额	销售额	销项（应纳）税额	销售额	销项（应纳）税额	销售额	销项（应纳）税额	价税合计		含税（免税）销售额	销项（应纳）税额
				1	2	3	4	5	6	7	8	9 = 1 + 3 + 5 + 7	10 = 2 + 4 + 6 + 8	11 = 9 + 10	12	13 = 11-12	14 = 13÷（100% + 税率或征收率）×税率或征收率
二、简易计税方法计税	全部征税项目	预征率 %	13a							—	—						
		预征率 %	13b							—	—						
		预征率 %	13c							—	—						
	其中：即征即退项目	即征即退货物及加工修理修配劳务	14	—	—	—	—	—	—	—	—			—	—	—	—
		即征即退服务、不动产和无形资产	15	—	—	—	—	—	—	—	—						
三、免抵退税	货物及加工修理修配劳务		16	—	—		—		—	—	—		—	—	—	—	—
	服务、不动产和无形资产		17	—	—		—		—	—	—		—				—
四、免税	货物及加工修理修配劳务		18				—		—	—	—		—	—	—	—	—
	服务、不动产和无形资产		19	—	—		—		—	—	—		—				—

（3）《增值税及附加税费申报表附列资料（二）》（本期进项税额明细）见表2-6。

表2-6　　增值税及附加税费申报表附列资料（二）

（本期进项税额明细）

税款所属时间：　　年　月　日至　　年　月　日

纳税人名称：（公章）　　　　金额单位：元（列至角分）

一、申报抵扣的进项税额				
项目	栏次	份数	金额	税额
（一）认证相符的增值税专用发票	1 = 2 + 3			
其中：本期认证相符且本期申报抵扣	2			
前期认证相符且本期申报抵扣	3			
（二）其他扣税凭证	4 = 5 + 6 + 7 + 8a+8b			
其中：海关进口增值税专用缴款书	5			
农产品收购发票或者销售发票	6			
代扣代缴税收缴款凭证	7		—	
加计扣除农产品进项税额	8a			
其他	8b			
（三）本期用于购建不动产的扣税凭证	9			
（四）本期用于抵扣的旅客运输服务扣税凭证	10			
（五）外贸企业进项税额抵扣证明	11	—	—	
当期申报抵扣进项税额合计	12 = 1 + 4−9 + 10 + 11			

二、进项税额转出额		
项目	栏次	税额
本期进项税额转出额	13 = 14至23之和	
其中：免税项目用	14	
集体福利、个人消费	15	
非正常损失	16	
简易计税方法征税项目用	17	
免抵退税办法不得抵扣的进项税额	18	
纳税检查调减进项税额	19	

续表

项目	栏次	税额
红字专用发票信息表注明的进项税额	20	
上期留抵税额抵减欠税	21	
上期留抵税额退税	22	
异常凭证转出进项税额	23a	
其他应作进项税额转出的情形	23b	

三、待抵扣进项税额

项目	栏次	份数	金额	税额
(一) 认证相符的增值税专用发票	24	—	—	—
期初已认证相符但未申报抵扣	25			
本期认证相符且本期未申报抵扣	26			
期末已认证相符但未申报抵扣	27			
其中：按照税法规定不允许抵扣	28			
(二) 其他扣税凭证	29 = 30至33之和			
其中：海关进口增值税专用缴款书	30			
农产品收购发票或者销售发票	31			
代扣代缴税收缴款凭证	32		—	
其他	33			
	34			

四、其他

项目	栏次	份数	金额	税额
本期认证相符的增值税专用发票	35			
代扣代缴税额	36	—	—	

（4）《增值税及附加税费申报表附列资料（三）》（服务、不动产和无形资产扣除项目明细）见表2-7。

表2-7

增值税及附加税费申报表附列资料（三）

（服务、不动产和无形资产扣除项目明细）

税款所属时间：　　年　月　日至　　年　月　日

纳税人名称：（公章）　　　　金额单位：元（列至角分）

项目及栏次		本期服务、不动产和无形资产价税合计额（免税销售额）	服务、不动产和无形资产扣除项目				
			期初余额	本期发生额	本期应扣除金额	本期实际扣除金额	期末余额
		1	2	3	4＝2＋3	5（5≤1且5≤4）	6＝4−5
13%税率的项目	1						
9%税率的项目	2						
6%税率的项目（不含金融商品转让）	3						
6%税率的金融商品转让项目	4						
5%征收率的项目	5						
3%征收率的项目	6						
免抵退税的项目	7						
免税的项目	8						

（5）《增值税及附加税费预缴表（甲市）》见表2-8。

表2-8　　增值税及附加税费预缴表（甲市）（部分）

税款所属时间：　　年　月　日至　　年　月　日

纳税人识别号（统一社会信用代码）：□□□□□□□□□□□□□□□□□□□□　　是否适用一般计税方法　是□　否□

纳税人名称：　　金额单位：元（列至角分）

项目编号：　　项目名称：

项目地址：

<table>
<tr><th colspan="2" rowspan="2">预征项目和栏次</th><th>销售额</th><th>扣除金额</th><th>预征率</th><th colspan="2">预征税额</th></tr>
<tr><th>1</th><th>2</th><th>3</th><th colspan="2">4</th></tr>
<tr><td>建筑服务</td><td>1</td><td></td><td></td><td></td><td colspan="2"></td></tr>
<tr><td>销售不动产</td><td>2</td><td></td><td></td><td></td><td colspan="2"></td></tr>
<tr><td>出租不动产</td><td>3</td><td></td><td></td><td></td><td colspan="2"></td></tr>
<tr><td></td><td>4</td><td></td><td></td><td></td><td colspan="2"></td></tr>
<tr><td></td><td>5</td><td></td><td></td><td></td><td colspan="2"></td></tr>
<tr><td>合计</td><td>6</td><td></td><td></td><td></td><td colspan="2"></td></tr>
<tr><td colspan="7">附加税费</td></tr>
<tr><td colspan="2">城市维护建设税实际预缴税额</td><td></td><td>教育费附加实际预缴费额</td><td></td><td>地方教育附加实际预缴费额</td><td></td></tr>
<tr><td colspan="7">声明：此表是根据国家税收法律法规及相关规定填写的，本人（单位）对填报内容（及附带资料）的真实性、可靠性、完整性负责。

纳税人（签章）：　　年　月　日</td></tr>
<tr><td colspan="4">经办人：
经办人身份证号：
代理机构签章：
代理机构统一社会信用代码：</td><td colspan="3">受理人：

受理税务机关（章）：

受理日期：　年　月　日</td></tr>
</table>

（6）《增值税及附加税费预缴表（甲市）》见表2-9。

表2-9　增值税及附加税费预缴表（甲市）（部分）

税款所属时间：　　年　月　日至　　年　月　日

纳税人识别号（统一社会信用代码）：□□□□□□□□□□□□□□□□□□□□　　是否适用一般计税方法　是□　否□

纳税人名称　　金额单位：元（列至角分）

项目编号：　　项目名称：

项目地址：

<table>
<tr><td colspan="2" rowspan="2">预征项目和栏次</td><td>销售额</td><td>扣除金额</td><td>预征率</td><td colspan="2">预征税额</td></tr>
<tr><td>1</td><td>2</td><td>3</td><td colspan="2">4</td></tr>
<tr><td>建筑服务</td><td>1</td><td></td><td></td><td></td><td colspan="2"></td></tr>
<tr><td>销售不动产</td><td>2</td><td></td><td></td><td></td><td colspan="2"></td></tr>
<tr><td>出租不动产</td><td>3</td><td></td><td></td><td></td><td colspan="2"></td></tr>
<tr><td></td><td>4</td><td></td><td></td><td></td><td colspan="2"></td></tr>
<tr><td></td><td>5</td><td></td><td></td><td></td><td colspan="2"></td></tr>
<tr><td>合计</td><td>6</td><td></td><td></td><td></td><td colspan="2"></td></tr>
<tr><td colspan="7">附加税费</td></tr>
<tr><td colspan="2">城市维护建设税实际预缴税额</td><td></td><td>教育费附加实际预缴费额</td><td></td><td>地方教育附加实际预缴费额</td><td></td></tr>
<tr><td colspan="7">声明：此表是根据国家税收法律法规及相关规定填写的，本人（单位）对填报内容（及附带资料）的真实性、可靠性、完整性负责。
纳税人（签章）：　　年　月　日</td></tr>
<tr><td colspan="4">经办人：
经办人身份证号：
代理机构签章：
代理机构统一社会信用代码：</td><td colspan="3">受理人：
受理税务机关（章）：
受理日期：　年　月　日</td></tr>
</table>

(7)《增值税及附加税费预缴表（乙市）》见表2-10。

表2-10 增值税及附加税费预缴表（乙市）（部分）

税款所属时间：　　年　月　日至　　年　月　日

纳税人识别号（统一社会信用代码）：□□□□□□□□□□□□□□□□□□　　是否适用一般计税方法　是□　否□

纳税人名称：　　金额单位：元（列至角分）

项目编号：　　项目名称：

项目地址：

预征项目和栏次		销售额	扣除金额	预征率	预征税额	
		1	2	3	4	
建筑服务	1					
销售不动产	2					
出租不动产	3					
	4					
	5					
合计	6					
附加税费						
城市维护建设税实际预缴税额			教育费附加实际预缴费额		地方教育附加实际预缴费额	

声明：此表是根据国家税收法律法规及相关规定填写的，本人（单位）对填报内容（及附带资料）的真实性、可靠性、完整性负责。

纳税人（签章）：　　年　月　日

经办人： 经办人身份证号： 代理机构签章： 代理机构统一社会信用代码：	受理人： 受理税务机关（章）： 受理日期：　　年　月　日

实训三　简易计税办法计税申报技能实训

1.实训目标

熟悉增值税小规模纳税人纳税申报表及其附表，掌握填制小规模纳税人纳税申报表的基本技能。

2.实训要求

根据实训资料填制增值税小规模纳税人纳税申报表。

3.业务资料

某食品加工企业是增值税小规模纳税人，兼营餐饮服务。2022年10月食品销售收入69 000元，餐饮收入18 000元；11月食品销售收入96 000元，餐饮收入21 000元；12月食品销售收入195 000元，餐饮收入25 000元。其中，食品销售收入36 000元部分开具增值税专用发票，其余部分自行开具普通发票，餐饮收入未开具正规发票。上述所有收入都包含增值税。

要求：为该食品加工企业填制当季增值税纳税申报表。纳税申报日期为2023年1月12日。

4.实训资料

《增值税及附加税费申报表》（小规模纳税人适用）见表2-11。

表2-11　增值税及附加税费申报表

（小规模纳税人适用）

纳税人识别号（统一社会信用代码）：□□□□□□□□□□□□□□□□□□□□

纳税人名称：　　　　　　　　　　　　　　　　金额单位：元（列至角分）

税款所属期：　　年　月　日至　　年　月　日　　　　填表日期：　　年　月　日

项　目		栏次	本期数		本年累计	
			货物及劳务	服务、不动产和无形资产	货物及劳务	服务、不动产和无形资产
一、计税依据	（一）应征增值税不含税销售额（3%征收率）	1				
	增值税专用发票不含税销售额	2				
	其他增值税发票不含税销售额	3				
	（二）应征增值税不含税销售额（5%征收率）	4	—		—	
	增值税专用发票不含税销售额	5	—		—	
	其他增值税发票不含税销售额	6	—		—	

续表

项目		栏次	本期数		本年累计	
			货物及劳务	服务、不动产和无形资产	货物及劳务	服务、不动产和无形资产
一、计税依据	（三）销售使用过的固定资产不含税销售额	7（7≥8）		—		—
	其中：其他增值税发票不含税销售额	8		—		—
	（四）免税销售额	9 = 10 + 11 + 12				
	其中：小微企业免税销售额	10				
	未达起征点销售额	11				
	其他免税销售额	12				
	（五）出口免税销售额	13（13≥14）				
	其中：其他增值税发票不含税销售额	14				
二、税款计算	本期应纳税额	15				
	本期应纳税额减征额	16				
	本期免税额	17				
	其中：小微企业免税额	18				
	未达起征点免税额	19				
	应纳税额合计	20 = 15−16				
	本期预缴税额	21			—	—
	本期应补（退）税额	22 = 20−21			—	—
三、附加税费	城市维护建设税本期应补（退）税额	23				
	教育费附加本期应补（退）费额	24				
	地方教育附加本期应补（退）费额	25				

声明：此表是根据国家税收法律法规及相关规定填写的，本人（单位）对填报内容（及附带资料）的真实性、可靠性、完整性负责。

纳税人（签章）：　　　　年　月　日

经办人： 经办人身份证号： 代理机构签章： 代理机构统一社会信用代码：	受理人： 受理税务机关（章）： 受理日期：　　年　月　日

项目三

消费税纳税实务

任务一　消费税基本要素

一、判断题（正确的打“√”，错误的打“×”）

1. 消费税是在普遍征收增值税的基础上对特定应税消费品进行特殊调节的一种税，所以，若某一纳税人发生消费税纳税义务，则其一定同时负有增值税纳税义务；反之亦然。（　）

2. 消费税税目的确定采用的是列举法。（　）

3. 委托加工应税消费品以受托方为消费税纳税义务人。（　）

4. 消费税采用单一环节纳税办法，只在生产销售环节征收。（　）

5. 啤酒屋销售啤酒，一定不会发生消费税纳税义务。（　）

6. 超豪华小汽车消费税的征税环节与增值税一样，都是从生产到流通的所有环节。（　）

7. 某汽车厂将自产小客车的底盘改装成小货车销售，不需要缴纳消费税。（　）

8. 纳税人将生产的应税消费品换取生产资料、消费资料，投资入股，偿还债务，不需要缴纳消费税。（　）

9. 消费税中小汽车税目包括含驾驶员座位在内最多不超过9个（含）座位的各类乘用车和各类中轻型商用客车。（　）

10. 高档手表是指销售价格（含增值税）每只在10 000元（含）以上的各类手表。（　）

二、不定项选择题（每题至少有一个正确答案，请将正确答案填在括号内）

1.应税消费品生产单位将自产应税消费品用于下列各项，应缴纳消费税的是（　）。

A.连续生产应税消费品　B.本企业管理部门

C.本企业食堂　D.以奖金形式发给本企业职工

2.企业生产并销售下列产品应缴纳消费税的是（　）。

A.汽油　B.金银首饰　C.涂料　D.太阳能电池

3.根据现行税法规定，下列消费品既征收增值税又征收消费税的是（　）。

A.从国外进口数码相机　B.商场销售购进的粮食白酒

C.烟酒经销商店销售外购的已税烟酒　D.从国外进口小汽车

4.根据消费税法的有关规定，下列各项中，需要缴纳消费税的是（　）。

A. 烟厂自产的烟丝用于继续生产卷烟

B. 化妆品生产企业把自产的高档化妆品作为职工福利发放给职工

C. 金银首饰生产企业把金银首饰销售给商场

D. 某集团生产销售轨道列车

5.兼营不同税率应税消费品，在确定适用税率时正确的做法是（　）。

A. 分别核算不同税率应税消费品的销售额、销售数量，分别适用税率
B. 未分别核算的，一律从高适用税率
C. 不论是否分别核算，一律从高适用税率
D. 如纳税人未进行分别核算，由主管税务机关核定其销售额，分别适用税率

6. 下列酒类产品中，不属于“白酒”的是（　　）。
A. 以高粱为原材料生产的酒　　B. 以马铃薯为原材料生产的酒
C. 以甜菜为原材料生产的酒　　D. 以糠麸为原材料生产的酒

7. 卷烟的消费税纳税环节包括（　　）。
A. 生产销售环节　　B. 批发环节
C. 零售环节　　D. 进口环节

8. 下列各项中，可以按委托加工应税消费品的规定征收消费税的是（　　）。
A. 受托方代垫原材料和主要材料，委托方提供辅助材料的
B. 委托方提供原材料和主要材料，受托方代垫部分辅助材料的
C. 受托方负责采购委托方所需原材料的
D. 受托方提供原材料和全部辅助材料的

9. 下列各项中，应在收回委托加工应税消费品环节征收消费税的是（　　）。
A. 商业批发企业收回委托生产企业加工的高档化妆品用于销售，生产企业向商业批发企业交货时没有代收代缴消费税款的
B. 商业批发企业收回委托生产加工的高档化妆品直接销售，生产企业向商业批发企业交货时已经代收代缴消费税款的
C. 商业批发企业销售其委托生产企业加工的高档化妆品，该化妆品为生产企业以其名义购买原材料生产的
D. 工业生产企业委托其他生产企业加工高档化妆品收回后用于连续生产化妆品，受托的其他生产企业交货时没有代收代缴消费税款的

10. 某企业生产的某系列高档化妆品，用于下列各项，应征收消费税的是（　　）。
A. 促销活动中的赠送品　　B. 对外投资
C. 加工生产其他系列应税高档化妆品　　D. 电视广告的样品

三、辨析题

1. 配制酒应如何确定消费税适用税率？试举例说明。

2. 生产销售应税消费品时，采取“物物交换”方式能规避缴纳消费税吗？

3. 税法规定，纳税人将应税消费品与非应税消费品以及适用税率不同的应税消费品组成成套消费品销售的，应根据组合产品的销售金额按应税消费品的最高税率征税。试分析工业企业销售产品，采取“先包装后销售”的方式与“先销售后包装”的方式的消费税税负、增值税税负情况。

任务二　消费税应纳税额的计算

一、判断题（正确的打"√"，错误的打"×"）

1. 用外购已税的珠宝玉石连续生产珠宝玉石的，在销售环节计算应纳消费税税款，允许扣除当期购进的全部珠宝玉石已纳的消费税税款。（　　）

2. 确定啤酒适用税率时，其售价中应含包装物价值，但不含增值税税款。（　　）

3. 企业受托加工应税消费品代收代缴的消费税，在采用组成计税价格计税时，组成计税价格的构成应当是材料成本与加工费之和。（　　）

4. 委托个体工商户加工收回的应税消费品，受托方未代收代缴消费税，委托方应补交委托加工环节应缴的消费税。（　　）

5. 进口的所有应税消费品，计算进口环节消费税的组成计税价格，也就是计算进口环节增值税的组成计税价格。（　　）

6. 纳税人采用以旧换新（含翻新改制）方式零售的金银首饰，应按实际收取的不含增值税的全部价款确定计税依据征收消费税。（　　）

7. 在从价定率计税办法下，应税消费品连同包装物一起销售的，无论包装物是否单独计价，也不论在会计上如何核算，均应并入应税消费品的销售额中征收消费税。（　　）

8. 包装物不作价随同产品销售，而是收取押金（收取酒类产品的包装物押金除外）且单独核算，又未逾期的，此项押金不应并入应税消费品的销售额中计算征收增值税、消费税。（　　）

9. 消费税属于价内税，故应税消费品的销售额包括应向购货方收取的增值税销项税额。（　　）

10. 纳税人将自制应税消费品用于连续生产应税消费品以外的其他方面，没有本企业同类消费品销售价格的，可以按照其他纳税人本期同类消费品的销售价格计算纳税。（　　）

二、不定项选择题（每题至少有一个正确答案，请将正确答案填在括号内）

1. 根据消费税税法的规定，下列说法中不正确的是（　　）。

A. 应税消费品征收消费税的，其税基不含增值税

B. 凡是征收增值税的货物都征收消费税

C. 应税消费品计算增值税销项税额，其税基含有消费税

D. 增值税属于价外税，消费税属于价内税

2. 某啤酒厂本月生产 15 000 吨生啤，当月销售 10 000 吨，取得含税销售收入 113 万元，则啤酒厂计算其应纳消费税的计税依据为（　　）。

A.100 万元　　B.113 万元　　C.10 000 吨　　D.15 000 吨

3. 自产自用的采用复合计税办法计算缴纳消费税的应税消费品的组成计税价格公式

是（　　）。

A.（成本+利润+自产自用量×单位税额）÷（1+消费税比例税率）

B.（成本+利润）÷（1+消费税比例税率）

C.（完税价格+关税）÷（1-消费税比例税率）

D.（成本+利润+自产自用量×单位税额）÷（1－消费税比例税率）

4.某汽车制造厂的自产小汽车用于抵偿债务，有同类小汽车售价，其消费税的计税销售额应选择（　　）。

A.同类小汽车中间价　　B.同类小汽车加权平均价

C.同类小汽车最高售价　　D.组成计税价格

5.一般情况下，委托加工收回的应税消费品由委托方收回后直接出售，取得的销售额应纳的税金是（　　）。

A.消费税　　B.增值税

C.消费税和增值税　　D.什么税都不交

6.下列应税消费品中，采用复合计税方法计算消费税的是（　　）。

A.烟丝　　B.卷烟　　C.白酒　　D.葡萄酒

7.某地板生产企业将一批自产实木地板用作职工福利，该企业没有同类地板销售价格，已知该批实木地板成本为8万元，消费税税率为5%，消费税成本利润率为5%，则下列说法中正确的是（　　）。

A.消费税计税销售额为8.842万元　　B.消费税计税销售额为9.263万元

C.增值税计税销售额为8.842万元　　D.增值税计税销售额为9.263万元

8.下列各项中，在零售环节缴纳消费税的是（　　）。

A.翡翠手镯　　B.钻石胸针

C.珊瑚珠串　　D.18K金镶嵌红宝石耳钉

9.下列各项中，应征收消费税的是（　　）。

A.将自产高档化妆品发给职工使用

B.出厂前进行化学检验的高档化妆品

C.作为展销样品后又收回的高档化妆品

D.用于广告给客户试用的高档化妆品

10.某啤酒厂销售啤酒，每吨不含增值税价格为2 850元，收取运输费用140元，单独核算包装物押金50元（押金期限3个月），则该企业计算增值税和消费税时，（　　）。

A.每吨增值税计税销售额3 018.14元　　B.每吨增值税计税销售额2 973.89元

C.每吨消费税税额250元　　D.每吨消费税税额220元

三、计算分析题

1.甲实木地板厂为增值税一般纳税人，2022年11月发生以下经济业务：

（1）把一批500平方米特制的Z型号实木地板用于办公室装修，其成本为8万元，消费税税率为5%，消费税成本利润率为5%。

（2）长期委托某加工厂加工多层实木素板，收回后以其为原材料继续加工为W型号的实木地板销售。受托方一直按同类实木地板每平方米100元的销售价格代收代缴消费税，2022年11月该厂收回加工好的多层实木素板40 000平方米（期初库存为零），取得增值税专用发票，已经通过认证，全部用于连续生产实木地板。当月销售连续生产的W型号实木地板28 000平方米，每平方米销售价格200元（不含税）。

（3）购入一批未经涂饰的三层实木素板，用于连续生产K型号实木地板，外购素板取得的增值税专用发票上注明的金额为40万元，增值税税额为5.2万元。当月用外购素板加工的K型号实木地板不含税销售额为38万元。当月月初库存外购素板为3万元（取得增值税专用发票），月末库存外购素板账面余额为13万元，本月非正常损失素板账面价值为10万元，企业期初没有留抵的增值税进项税额。

要求：根据上述业务回答以下问题（保留小数点后两位）：

（1）业务（1）中，是否发生消费税纳税义务？如甲实木地板厂发生消费税纳税义务，纳税环节应如何确定？此项业务应如何计算应缴纳的消费税？

（2）业务（2）中，多层实木素板加工厂应代收代缴的消费税是多少？分析甲实木地板厂计算消费税时，是否允许抵扣某加工厂加工多层实木素板已代收代缴的消费税。试说明甲实木地板厂销售W型号实木地板消费税应如何计算。

（3）业务（3）中，当期允许抵扣的增值税与消费税有何不同？当期允许抵扣的增值税进项税额及允许抵扣的外购已税消费品已纳消费税税款各是多少？计算甲实木地板厂销售K型号实木地板应缴纳的消费税。

2.某烟草进出口公司为增值税一般纳税人，2022年11月进口业务情况如下：

（1）进口卷烟300标准箱，关税完税价格280万元，关税税率为60%。

（2）进口办公用小汽车一辆，到岸价格80万元，关税税率为25%，消费税税率为9%，超豪华小汽车零售环节消费税税率为10%。

要求：

（1）分析上述两种进口应税消费品在确定组成计税价格时有何不同。

（2）计算上述业务进口环节应缴纳的消费税（保留到小数点后两位数）。

3.靓丽化妆品厂为增值税一般纳税人，其生产的高档化妆品适用的消费税税率为15%，2022年11月发生的涉税业务如下：

（1）销售一批香水，每瓶20毫升，不含税价格80元，本月共销售12 500瓶，货款已收讫，货物已经发出。

（2）2022年9月销售高档香水精收取包装物租金2 260元，押金22 600元，购销双方约定，两个月后归还包装物并退还押金。本月购货方违约，逾期未归还包装物，靓丽化妆品厂没收其押金22 600元。

（3）从国外进口一批香粉，属于高档化妆品，关税完税价格60 000元，缴纳关税35 000元。

（4）以价值80 000元的原材料委托丽丽日化厂加工高档腮红，支付加工费5 000元（不含税），该批加工产品已收回（丽丽日化厂没有同类腮红销售价格可作参考）。

（5）将价值68 000元的普通润肤品与价值32 000元的高档香粉组成礼品盒销售，不含税销售额120 000元。

要求：

（1）分析收取香水精包装物租金与收取包装物押金应如何确定纳税义务发生时间。

（2）计算丽丽日化厂应代收代缴的消费税。

（3）计算靓丽化妆品厂上述业务应缴纳的消费税（保留到小数点后两位数）。

4. 甲卷烟厂为增值税一般纳税人，主要业务为用委托加工烟丝或外购烟丝连续生产卷烟销售，2022年11月有关涉税业务如下：

（1）从农民手中收购烟叶，委托乙烟丝加工厂（小规模纳税人）加工烟丝。本月收购烟叶，开具的收购凭证上注明收购价款10万元、价外补贴1万元、烟叶税2.2万元，全部拨往乙烟丝加工厂加工烟丝，加工厂收取加工费，取得增值税专用发票上注明金额2.12万元、税额0.0636万元，乙烟丝加工厂代收代缴烟丝的消费税。

（2）期初结存外购烟丝买价20万元，本月购进已税烟丝买价10万元，取得增值税专用发票并通过认证，期末结存外购烟丝买价5万元，领用外购烟丝全部用来生产B牌卷烟。

（3）将委托乙烟丝加工厂加工收回的烟丝的50%对外直接销售，取得不含税收入8万元，另外50%当月全部用于生产A牌卷烟。本月销售A牌卷烟4标准箱，取得不含税收入10万元。

（4）本月销售B牌卷烟20标准箱，取得不含税收入100万元。

（5）将自产白包烟20 000支作为招待用烟，其成本为0.2万元，无同类卷烟销售价格。甲类卷烟的成本利润率为10%，乙类卷烟的成本利润率为5%。

要求：

（1）计算乙烟丝加工厂加工烟丝应代收代缴的消费税。

（2）分析确定甲卷烟厂委托加工、外购烟丝可以扣除的消费税。

（3）计算甲卷烟厂上述业务应缴纳的消费税（以万元为单位保留到小数点后四位数）。

5. 甲酒厂2022年11月发生以下涉税业务：

（1）销售粮食白酒20吨，不含税单价6 000元/吨；销售以外购薯类白酒和自产糠麸白酒勾兑的A散装白酒8吨给某酒店，不含税单价4 500元/吨。

（2）销售以外购薯类白酒和自产糠麸白酒勾兑的A散装白酒4吨给某酒业集团，不含税单价3 200元/吨。

（3）用自产的以外购薯类白酒和自产糠麸白酒勾兑的A散装白酒10吨从农民手中换取玉米，开出注有"收购"字样的增值税普通发票。

（4）自产的以外购薯类白酒和自产糠麸白酒勾兑的A散装白酒装瓶，发给本厂职工，共200箱，每箱6千克，成本为2 400元，粮食白酒成本利润率为10%。

（5）销售啤酒250吨，每吨不含税售价2 950元，另外收取啤酒包装物押金16 950元。

要求：

（1）分析该酒厂换取玉米和发给职工的白酒消费税计税依据的确定有何不同。

（2）计算该酒厂本月应缴纳的消费税。

6. 市烟草集团公司属增值税一般纳税人，持有烟草批发许可证，2022年11月发生以下涉税业务：

购进已税烟丝800万元（不含增值税），委托C企业加工卷烟500标准箱，C企业按每箱0.1万元（不含税款）收取加工费，共计50万元。当月C企业按正常进度投料加工生产卷烟200标准箱交由集团公司收回，集团公司将其中20标准箱销售给烟草批发商D企业，取得含税销售收入83.62万元，80标准箱销售给烟草零售商Y专卖店，取得不含税销售收入320万元，100标准箱作为股本与F企业合资成立一家烟草零售经销商Z公司。

要求：

（1）分析市烟草集团公司上述业务应如何缴纳消费税。

（2）计算C企业当月应代收代缴的消费税。

（3）计算市烟草集团公司应缴纳的消费税（以万元为单位保留到小数点后四位数）。

7.某外国驻华机构2022年2月进口自用4.0排气量的小汽车一辆，到岸价人民币110万元，关税税率30%，进口环节消费税税率25%，零售环节消费税税率10%。

要求：计算该外国驻华机构应缴纳的消费税。

四、综合提高题

××汽车集团为增值税一般纳税人，生产小汽车每辆平均不含税价格为20万元、最高不含税价格为22万元，消费税税率为5%。2022年8月发生以下经济业务：

（1）月初与某特约经销商签订40辆小汽车的销售合同，采用赊销方式销售，约定车款分别于8月、9月、10月、11月的月末等额收取。考虑到长期合作关系，集团于8月发货时开具了40辆小汽车的增值税专用发票，金额800万元，当月月末企业尚未收到货款。

（2）赞助汽车拉力赛组委会服务用小汽车1辆，开具增值税专用发票，金额20万元，同时请运输企业向拉力赛组委会开具合计金额为0.654万元的增值税专用发票，并转交给汽车拉力赛组委会。

（3）用小汽车1辆与电脑生产厂家换取30台电脑，双方互开增值税专用发票，金额20万元。

（4）将本企业售后服务部专用的小汽车（原账面价值12万元、启用时间为2019年6月）以4.52万元的价格销售给个人。

（5）提供汽车检测服务，开具的普通发票上注明的金额为5万元。

（6）本月购进生产材料，取得增值税专用发票上注明增值税为14万元，同时支付购货运输费，取得的增值税专用发票上注明增值税为3万元。

该汽车制造集团2022年8月月末计算缴纳的增值税、消费税如下：

应纳增值税 $= 10 \times 20 \times 13\% + 20 \times 13\% + 4.52 \div (1+13\%) \times 13\% + 5 \div (1+13\%) \times 13\% - (14+3)$

$= 26 + 2.6 + 0.52 + 0.58 - 17 = 12.70$（万元）

应纳消费税 $= [10 \times 20 + 20 + 20 + 4.52 \div (1+13\%)] \times 5\% = 12.2$（万元）

要求：请按税法规定回答下列问题：

（1）分析该企业当月增值税、消费税计算是否正确。如有错误，请指出错在哪里。

（2）请正确计算××汽车集团2022年8月应缴纳的增值税与消费税（以万元为单位保留到小数点后两位数）。

任务三 消费税纳税申报

一、判断题（正确的打“√”，错误的打“×”）

1. 委托个人加工的应税消费品，由受托方向其机构所在地或者居住地主管税务机关申报应代扣代缴的消费税。（ ）

2. A市甲企业委托B市乙企业加工一批应税消费品，该批消费品应缴纳的消费税税款应由乙企业向B市税务机关解缴。（ ）

3. 消费税纳税人采取赊销和分期收款结算方式、尚未开具增值税发票的，其纳税义务的发生时间为合同约定的收款日期当天。（ ）

4. 纳税人自产自用的应税消费品，用于连续生产应税消费品的，在移送使用环节缴纳消费税。（ ）

5. 工业生产企业和商贸企业委托外贸企业出口应税消费品，可按规定办理出口退税。（ ）

6. 纳税人到外县销售应税消费品，应当于应税消费品销售后，向销售地主管税务机关申报纳税。（ ）

7. 纳税人进口应税消费品，其纳税义务发生时间为报关进口的当天。（ ）

8. 对会计核算不健全的小型业户，税务机关可根据其产销情况，按季或按年核定其应纳消费税税额，分月缴纳。（ ）

9. 酒类消费品生产企业申报消费税不需填报《本期准予扣除税额计算表》。（ ）

10. 进口的应税消费品，由进口人或者其代理人向进口人所在地主管税务机关申报缴纳消费税。（ ）

二、不定项选择题（每题至少有一个正确答案，请将正确答案填在括号内）

1. 根据消费税的相关规定，下列表述中，错误的是（ ）。

A. 纳税人生产的应税消费品，于生产时缴纳消费税

B. 纳税人自产应税消费品，用于连续生产应税消费品的，不纳税

C. 纳税人自产应税消费品，除连续生产应税消费品外，用于其他方面的，于移送使用时纳税

D. 进口的应税消费品，于报关进口时发生消费税纳税义务

2. 下列各项中，符合消费税纳税地点规定的是（ ）。

A. 进口应税消费品的，由进口人或其代理人向报关地海关申报纳税

B. 纳税人总机构与分支机构不在同一县的，分支机构应回总机构申报纳税

C. 委托加工应税消费品的，由委托方向受托方所在地主管税务机关申报纳税

D. 纳税人到外县销售自产应税消费品的，应向机构所在地或者居住地主管税务机关申报纳税

3. 下列各项中，符合消费税有关规定的是（　　）。

A. 纳税人的总、分支机构不在同一县（市）的，一律在总机构所在地缴纳消费税

B. 纳税人销售的应税消费品，除另有规定外，应向纳税人机构所在地或者居住地主管税务机关申报纳税

C. 纳税人委托加工应税消费品，其纳税义务发生时间为纳税人支付加工费的当天

D. 因质量原因由购买者退回的应税消费品，可退已征的消费税，也可自行抵减应纳税额

4. 某进出口公司2022年11月7日报关进口一批高档化妆品，海关于当日填开完税凭证，则该公司进口环节应纳消费税的最后纳税时间为（　　）。

A. 11月13日　　B. 11月14日　　C. 11月21日　　D. 12月15日

5. 卷烟批发企业总机构和分支机构不在同一地区的，分支机构批发环节消费税的纳税地点为（　　）。

A. 总机构所在地　　B. 分支机构所在地

C. 由主管税务机关制定　　D. 纳税人自己选择并固定一处

6. 根据消费税的相关规定，下列表述中，不正确的是（　　）。

A. 消费税的纳税期限分别为1日、3日、5日、10日、15日、1个月或者1个季度

B. 纳税人不能按照固定期限缴纳消费税的，可以按次纳税

C. 纳税人以1个季度为一个纳税期的，自期满之日起15日内申报纳税

D. 纳税人以1个月为一个纳税期的，自期满之日起5日内预缴税款，于次月1日起15日内申报纳税并结清上月税款

7. 根据消费税相关法律制度的规定，下列关于进口的应税消费品的税务处理中，正确的是（　　）。

A. 进口的应税消费品，消费税的纳税义务发生时间为报关进口的当天

B. 进口的应税消费品，消费税由海关代征

C. 进口的应税消费品，由进口人或代理人向报关地海关申报纳税

D. 纳税人进口应税消费品，应当自海关填发海关进口消费税专用缴款书之日起15日内缴纳税款

8. 企业出口应税消费品，不得办理消费税退税的是（　　）。

A. 外贸单位从生产企业收购后出口的应税消费品

B. 外商投资生产企业自营出口自产应税消费品

C. 外贸企业受商贸企业的委托出口应税消费品

D. 生产单位委托外贸企业出口自产应税消费品

9. 有出口经营权的生产性企业自营出口或生产企业委托外贸企业代理出口自产应税消费品，其消费税退免税政策是（　　）。

A. 免税但不退税　　B. 不免税也不退税

C.不免税但退税　　　　　　　　　　　D.免税并退税

10.下列有关消费税的表述中，正确的是（　　）。

A.进口环节消费税一律不得给予减免

B.纳税人以1个月或1个季度为一期纳税的，自期满之日起15日内申报纳税

C.纳税人将自产应税消费品赠送他人的，不应按最高售价计征消费税

D.委托个人加工的应税消费品，由委托方向其机构所在地或者居住地主管税务机关申报纳税

三、实训题

实训一　《消费税及附加税费申报表》填报技能实训

1.实训目标

掌握《消费税及附加税费申报表》填制的基本技能。

2.实训要求

根据实训业务资料，结合“任务二　消费税应纳税额的计算”的计算分析题第1题甲实木地板厂2022年11月经济业务填制表3-1《消费税及附加税费申报表》。

3.业务资料

甲实木地板厂2022年11月发生以下经济业务：

（1）将500㎡特制Z型号实木地板用于办公室装修，成本8万元。

（2）将委托加工收回的多层实木素板40 000㎡（期初库存为零）继续加工为W型号的实木地板，本期销售28 000㎡，销售价格200元/㎡（不含税）。

（3）购入未经涂饰的三层实木素板连续生产K型号实木地板销售，数量1 520㎡，售价250/㎡，不含税销售额为38万元；其外购素板取得的增值税专用发票上注明的数量为2 500㎡，金额为40万元，增值税税额为5.2万元；当月月初库存外购素板为3万元（取得增值税专用发票），月末库存外购素板账面余额为13万元，本月非正常损失素板账面价值为10万元。

（4）企业纳税申报日期为2022年12月12日。

4.实训资料

《消费税及附加税费申报表》（甲实木地板厂填制），见表3-1。

表3-1　　　　　　　　　　　　**消费税及附加税费申报表**

税款所属期：自　　年　月　日至　年　月　日

纳税人识别号（统一社会信用代码）：□□□□□□□□□□□□□□□□□□□□

纳税人名称：　　　　　　　　　　　　　　　　　　　　　　　金额单位：人民币元（列至角分）

项目 应税消费品名称	适用税率		计量单位	本期销售数量	本期销售额	本期应纳税额
	定额税率	比例税率				
	1	2	3	4	5	6＝1×4＋2×5
合计	—	—	—	—	—	

项目	栏次	本期税费额
本期减（免）税额	7	
期初留抵税额	8	
本期准予扣除税额	9	
本期应扣除税额	10＝8＋9	
本期实际扣除税额	11［10<（6－7），则为10，否则为6－7］	
期末留抵税额	12＝10－11	
本期预缴税额	13	
本期应补（退）税额	14＝6－7－11－13	
城市维护建设税本期应补（退）税额	15	
教育费附加本期应补（退）费额	16	
地方教育附加本期应补（退）费额	17	

声明：此表是根据国家税收法律法规及相关规定填写的，本人（单位）对填报内容（及附带资料）的真实性、可靠性、完整性负责。

纳税人（签章）：　　　　年　月　日

经办人： 经办人身份证号： 代理机构签章： 代理机构统一社会信用代码：	受理人： 受理税务机关（章）： 受理日期：　　年　月　日

实训二　《消费税及附加税费申报表》《本期准予扣除税额计算表》《本期委托加工收回情况报告表》填报技能实训

1.实训目标

掌握《消费税及附加税费申报表》《本期准予扣除税额计算表》《本期委托加工收回情况报告表》填制的基本技能。

2.实训要求

根据实训业务资料，结合计算分析题4甲卷烟厂2022年11月经济业务填制表3-2《本期委托加工收回情况报告表》、表3-3《本期准予扣除税额计算表》及表3-4《消费税及附加税费申报表》。

3.业务资料

甲卷烟厂2022年11月有关涉税业务如下：

从农民手中收购烟叶，开具的收购凭证上注明收购价款10万元、价外补贴1万元、烟叶税2.2万元，全部拨往乙烟丝加工厂（纳税人识别号略）加工烟丝；支付加工费取得增值税专用发票上注明金额2.12万元、税额0.0636万元，乙烟丝加工厂代收代缴烟丝的消费税6万元；加工收回的烟丝3吨，其中50%对外直接销售，取得不含税收入8万元，另外50%当月全部用于生产A牌卷烟；本月销售A牌卷烟4标准箱，取得不含税收入10万元。

期初结存外购烟丝买价20万元，期末结存外购烟丝买价5万元，本月购进已税烟丝买价10万元，取得增值税专用发票并通过认证，期末结存外购烟丝买价5万元，领用外购烟丝全部用来生产B牌卷烟；本月销售B牌卷烟20标准箱，取得不含税收入100万元。

将自产白包烟20 000支作为招待用烟，其成本为0.2万元，无同类卷烟销售价格。

4.实训资料

（1）《本期委托加工收回情况报告表》见表3-2。

表3-2　　本期委托加工收回情况报告表　　金额单位：元（列至角分）

一、委托加工收回应税消费品代收代缴税款情况

应税消费品名称	商品和服务税收分类编码	委托加工收回应税消费品数量	委托加工收回应税消费品计税价格	适用税率		受托方已代收代缴的税款	受托方（扣缴义务人）名称	受托方（扣缴义务人）识别号	税收缴款书（代扣代收专用）号码	税收缴款书（代扣代收专用）开具日期
				定额税率	比例税率					
1	2	3	4	5	6	7 = 3×5 + 4×6	8	9	10	11

二、委托加工收回应税消费品领用存情况

应税消费品名称	商品和服务税收分类编码	上期库存数量	本期委托加工收回入库数量	本期委托加工收回直接销售数量	本期委托加工收回用于连续生产数量	本期结存数量
1	2	3	4	5	6	7 = 3 + 4-5-6

（2）《本期准予扣除税额计算表》见表3-3。

表3-3 本期准予扣除税额计算表

<table>
<tr><th colspan="3">准予扣除项目</th><th>应税消费品名称</th><th></th><th></th><th>合计</th></tr>
<tr><td colspan="2" rowspan="5">一、本期准予扣除的委托加工应税消费品已纳税款计算</td><td>期初库存委托加工应税消费品已纳税款</td><td>1</td><td></td><td></td><td></td></tr>
<tr><td>本期收回委托加工应税消费品已纳税款</td><td>2</td><td></td><td></td><td></td></tr>
<tr><td>期末库存委托加工应税消费品已纳税款</td><td>3</td><td></td><td></td><td></td></tr>
<tr><td>本期领用不准予扣除委托加工应税消费品已纳税款</td><td>4</td><td></td><td></td><td></td></tr>
<tr><td>本期准予扣除委托加工应税消费品已纳税款</td><td>5 = 1 + 2-3-4</td><td></td><td></td><td></td></tr>
<tr><td rowspan="13">二、本期准予扣除的外购应税消费品已纳税款计算</td><td rowspan="6">（一）从价计税</td><td>期初库存外购应税消费品买价</td><td>6</td><td></td><td></td><td></td></tr>
<tr><td>本期购进应税消费品买价</td><td>7</td><td></td><td></td><td></td></tr>
<tr><td>期末库存外购应税消费品买价</td><td>8</td><td></td><td></td><td></td></tr>
<tr><td>本期领用不准予扣除外购应税消费品买价</td><td>9</td><td></td><td></td><td></td></tr>
<tr><td>适用税率</td><td>10</td><td></td><td></td><td></td></tr>
<tr><td>本期准予扣除外购应税消费品已纳税款</td><td>11 =（6 + 7-8-9）×10</td><td></td><td></td><td></td></tr>
<tr><td rowspan="7">（二）从量计税</td><td>期初库存外购应税消费品数量</td><td>12</td><td></td><td></td><td></td></tr>
<tr><td>本期外购应税消费品数量</td><td>13</td><td></td><td></td><td></td></tr>
<tr><td>期末库存外购应税消费品数量</td><td>14</td><td></td><td></td><td></td></tr>
<tr><td>本期领用不准予扣除外购应税消费品数量</td><td>15</td><td></td><td></td><td></td></tr>
<tr><td>适用税率</td><td>16</td><td></td><td></td><td></td></tr>
<tr><td>计量单位</td><td>17</td><td></td><td></td><td></td></tr>
<tr><td>本期准予扣除的外购应税消费品已纳税款</td><td>18 =（12 + 13-14-15）×16</td><td></td><td></td><td></td></tr>
<tr><td colspan="3">三、本期准予扣除税款合计</td><td>19 = 5 + 11 + 18</td><td></td><td></td><td></td></tr>
</table>

（3）消费税及附加税费申报表见表3–4。

表3–4 消费税及附加税费申报表

税款所属期：自 年 月 日至 年 月 日

纳税人识别号（统一社会信用代码）：□□□□□□□□□□□□□□□□□□□□□□□□□

纳税人名称： 金额单位：人民币元（列至角分）

项目 应税消费品名称	适用税率		计量单位	本期销售数量	本期销售额	本期应纳税额
	定额税率	比例税率				
	1	2	3	4	5	6 = 1×4 + 2×5
合计	—	—	—	—	—	

	栏次	本期税费额
本期减（免）税额	7	
期初留抵税额	8	
本期准予扣除税额	9	
本期应扣除税额	10 = 8 + 9	
本期实际扣除税额	11［10<（6–7），则为10，否则为6–7］	
期末留抵税额	12 = 10–11	
本期预缴税额	13	
本期应补（退）税额	14 = 6–7–11–13	
城市维护建设税本期应补（退）税额	15	
教育费附加本期应补（退）费额	16	
地方教育附加本期应补（退）费额	17	

声明：此表是根据国家税收法律法规及相关规定填写的，本人（单位）对填报内容（及附带资料）的真实性、可靠性、完整性负责。 纳税人（签章）： 年 月 日	
经办人： 经办人身份证号： 代理机构签章： 代理机构统一社会信用代码：	受理人： 受理税务机关（章）： 受理日期： 年 月 日

四、案例分析题

1.现行《中华人民共和国消费税暂行条例》及相关法规对应征消费税的不同消费品规定了不同水平的比例税率及定额税率。同时规定纳税人经营不同税率的应税消费品时，应当分别核算不同税率应税消费品的销售额、销售数量；未分别核算销售额、销售数量或将不同税率的应税消费品组成成套消费品销售的，从高适用税率。

某日化厂2022年3月为迎接三八妇女节拟推出优惠套装，将香粉（高档化妆品）与润肤霜（非高档化妆品）按1∶1组成成套礼品盒出售。根据市场调查，该种套装预计销售数量20 000套，其中香粉若单独计价为100万元（不含税）、成本40万元（单位成本20元/组），润肤霜若单独计价为40万元、成本20万元（单位成本10元/组），组成成套礼品盒后定价120万元（不含税），礼品盒成本2万元。若仍按原来办法各自独立出售，则预计香粉及润肤霜的销售数量可达成套销售数量的80%，香粉销售额为80万元、润肤霜销售额为32万元。

请问：该日化厂独立销售与成套销售的税收负担有何区别？从日化厂不同销售办法实现的毛利分析，成套销售方案可行吗？

2.我国现行白酒消费税实行从价和从量复合计征，从价税率为20%，从量税率为0.5元/500毫升。许多白酒生产企业往往通过设立自己的销售公司达到降低消费税税负的目的，即先将生产出的白酒低价出售给销售公司，然后通过销售公司高价出售给经销商获取利润。

为加强白酒消费税征收管理，解决白酒生产企业利用关联销售公司转移定价手段规避生产环节消费税问题，国家税务总局制定了《关于加强白酒消费税征收管理的通知》（以下简称《通知》）。该《通知》第八条规定：白酒生产企业销售给销售单位的白酒，生产企业消费税计税价格低于销售单位对外销售价格70%以下的，消费税最低计税价格由税务机关根据生产规模、白酒品牌、利润水平等情况在销售单位对外销售价格50%至70%范围内自行核定。其中，生产规模较大、利润水平较高的企业生产的需要核定消费税最低计税价格的白酒，税务机关核价幅度原则上应选择在销售单位对外销售价格60%至70%范围内。《国家税务总局关于进一步加强白酒消费税征收管理工作的通知》（税总函〔2017〕144号）进一步明确：对白酒生产企业设立多级销售单位销售的白酒，国税机关应按照最终一级销售单位对外销售价格核定生产企业消费税最低计税价格。自2017年5月1日起，白酒消费税最低计税价格核定比例由50%至70%统一调整为60%。

请问：

（1）为什么设立销售公司销售白酒可以降低消费税负担？

（2）采用设立销售公司的办法，同样可以降低增值税税收负担吗？

（3）《通知》出台后，设立销售公司销售白酒还可以降低消费税税收负担吗？

（4）假设某大型白酒生产企业某高度白酒的出厂价为每500毫升220元，销售公司对外售价为每500毫升500元，税务机关核定的最低计税价格为每500毫升300元，则设立销售公司销售白酒与企业直接销售相比，每500毫升可以降低的消费税税负是多少？

项目四

关税与船舶吨税纳税实务

任务一　关税与船舶吨税基本要素

一、判断题（正确的打“√”，错误的打“×”）

1. 我国对少数进口商品计征关税时所采用的滑准税实质上是一种特殊的从价税。（　　）
2. 我国出口关税税率为一栏税率，没有普通税率和优惠税率之分。（　　）
3. 进境物品，由海关负责征收进口关税。（　　）
4. 进出口货物，应当适用海关接受该货物申报进口或出口之日实施的税率。（　　）
5. 中华人民共和国国籍的船舶，不在船舶吨税征税范围内。（　　）
6. 我国对出口商品一般不征收关税。（　　）
7. 特惠税率一般高于最惠国税率和协定税率。（　　）
8. 我国对实行关税配额管理的进口货物，在关税配额以内的，可适用特惠税率。（　　）

二、不定项中，选择题（每题至少有一个正确答案，请将正确答案填在括号内）

1. 下列各项中，不属于关税纳税人的是（　　）。

A. 进口货物收货人　　B. 出口货物发货人
C. 进境物品的所有人　　D. 进口货物发货人

2. 当一个国家存在自由港、自由区时，该国国境（　　）关境。

A. 大于　　B. 小于　　C. 等于　　D. 无法比较

3. 船舶吨税的纳税人是指（　　）。

A. 应税船舶的负责人　　B. 应税船舶的使用人
C. 应税船舶的购买人　　D. 应税船舶的所有人

4. 海关对自中华人民共和国境外港口进入境内港口的船舶所征收的税是（　　）。

A. 关税　　B. 船舶吨税　　C. 车船税　　D. 进口增值税

5. 下列各项关于进境物品关税的表述中，正确的是（　　）。

A. 具有非贸易性
B. 受托携带进境的物品，委托人为所有人，应缴纳关税
C. 进境物品无须缴纳关税
D. 邮寄方式进境的物品，收件人为所有人，应缴纳关税

6. 进境物品的纳税义务人指的是（　　）。

A. 携带物品进境的入境人员
B. 进境邮递物品的收件人
C. 以其他方式进口物品的收件人
D. 进境物品的邮寄人

7. 原产于中华人民共和国境内的进口货物，适用（　　）。

A.普通税率　　B.特惠税率　　C.最惠国税率　　D.协定税率

8.原产于与中华人民共和国签订含有特殊关税优惠条款的贸易协定的国家或者地区的进口货物，适用（　　）。

A.最惠国税率　　B.特惠税率　　C.关税配额税率　　D.暂定税率

任务二　关税与船舶吨税应纳税额计算

一、判断题（正确的打"√"，错误的打"×"）

1.在确定进口货物完税价格时，货物成交价格中含进口人向卖方支付的佣金，应该从完税价格中扣除。（　　）

2.从境外租借进口的设备，以海关审查确定的成交价格作为完税价格。（　　）

3.进口货物成交价格中已包括进口人向其境外代理人支付的经纪费，并且能够单独分列的，可以从完税价格中扣除。（　　）

4.运往境外加工的货物，出境时向海关报明并在海关规定期限内复运进境的，应当以加工后的货物进境时的到岸价格作为完税价格。（　　）

5.出口货物关税完税价格中不包括出口环节缴纳的关税。（　　）

6.进口货物关税完税价格中包括进口环节缴纳的关税。（　　）

7.出口货物的完税价格由海关以该货物的成交价格以及该货物运至境外进口报关地点装载前的运输及其相关费用、保险费为基础审查确定。（　　）

8.吨税按照船舶净吨位和吨税执照期限征收。（　　）

二、不定项选择题（每题至少有一个正确答案，请将正确答案填在括号内）

1.运往境外修理的机械器具、运输工具或其他货物，出境时已向海关报明并在海关规定期限内复运进境的，应当以海关审查确定的（　　）以及该货物复运进境的运输及相关费用、保险费估定完税价格。

A.修理费　　B.料件费

C.境外修理费和料件费　　D.同类货物的到岸价格

2.出口货物以海关审定的成交价格为基础的售予境外的离岸价格扣除出口关税后作为完税价格，其计算公式为（　　）。

A.完税价格 = 离岸价格÷（1 + 出口税率）

B.完税价格 = 离岸价格÷（1–出口税率）

C.完税价格 = 离岸价格×（1 + 出口税率）

D.完税价格 = 离岸价格×（1–出口税率）

3.进口货物以海关审定的成交价格为基础的到岸价格作为完税价格。所谓到岸价格，包括货价以及货物运抵我国关境内输入地点起卸前的（　　）等费用。

A.包装费　　B.运费　　C.保险费　　D.其他劳务费

4.下列费用，未包括在进口货物的实付或应付价格中，应当计入完税价格的是（　　）。

A.由买方负担的除购货佣金以外的佣金和经纪费

B.由买方负担的与该货物视为一体的容器费用

C.由买方负担的包装材料费用

D.卖方直接从买方对该货物进口后转售中获得的收益

5.下列费用，如能与该货物实付或应付价格区分，不得计入完税价格的是（　　）。

A.厂房、机械、设备等货物进口后的基建、安装、装配、维修和技术服务的费用

B.货物运抵境内输入地点之后的运输费用、保险费和其他相关费用

C.国内增值税

D.由买方负担的包装劳务费用

6.下列各项中，属于进口完税价格组成部分的是（　　）。

A.进口人向境外自己的采购代理人支付的劳务费

B.进口人向中介机构支付的经纪费

C.进口设施的安装调试费用

D.货物运抵境内输入地点起卸之后的运输费用

7.下列各项中，应计入出口货物完税价格的是（　　）。

A.出口关税税额

B.单独列明的支付给境外的佣金

C.货物在我国境内输出地点装载后的运输费用

D.货物运至我国境内输出地点装载前的保险费

8.某企业2022年5月将一台账面余值55万元的进口设备运往境外修理，当月在海关规定的期限内复运进境。经海关审定的境外修理费为4万元，料件费为6万元。假定该设备的进口关税税率为30%，则该企业应缴纳的关税为（　　）万元。

A.1.8　　　　B.3　　　　C.16.5　　　　D.19.5

9.下列各项关于出口货物关税完税价格的表述中，正确的是（　　）。

A.出口货物完税价格包含增值税销项税额

B.在输出地点装载前发生的运费，应包含在完税价格中

C.在货物价款中单独列明由卖方承担的佣金，不计入完税价格

D.出口关税不计入完税价格

10.下列各项关于关税政策的表述中，正确的是（　　）。

A.进口货物完税价格的确定首先应按相同货物成交价格估算

B.进口货物关税的完税价格不包含关税

C.无商业价值的货样免征关税

D.“CIF”是“成本加运费、保险费”的价格术语简称，又称“到岸价格”

11.2022年5月1日，甲国某公司一艘货轮驶入我国某港口，该货轮净吨位为8 000吨，货轮负责人已向我国该海关领取了《吨税执照》，在港口停留期限为90日（吨税执

照期限为90日，普通税率为每净吨位8.0元，优惠税率为每净吨位5.8元），该国已与我国签订有相互给予船舶税费最惠国待遇条款的协定。则该货轮负责人应向我国海关缴纳船舶吨税（　　）。

A.0　　B.46 400元　　C.64 000元　　D.64 600元

12.下列船舶中，免征船舶吨税的有（　　）。

A.养殖渔船

B.吨税执照期满后24小时内不上下客货的船舶

C.军队征用的船舶

D.自境外购买取得船舶所有权的初次进口到港的空载船舶

13.下列各项需要缴纳税款的，应当适用海关接受申报办理纳税手续之日实施的税率的是（　　）。

A.保税货物经批准不复运出境的

B.减免税货物经批准转让或者移作他用的

C.暂时进境货物经批准不复运出境，以及暂时出境货物经批准不复运进境的

D.租赁进口货物，分期缴纳税款的

14.下列各项计算船舶吨税的处理中，正确的是（　　）。

A.我国籍的应税船舶，可以适用优惠税率

B.与我国签订含有相互给予船舶税费最惠国待遇条款的条约或者协定的应税船舶，可以适用优惠税率

C.拖船按相同净吨位船舶税率的50%计算纳税

D.无法提供净吨位证明文件的游艇，按发动机功率每千瓦折合净吨位0.67吨

15.应税船舶在吨税执照期限内，发生下列情况，吨税执照继续有效的是（　　）。

A.因改造导致净吨位变化的

B.因税目税率调整而导致适用税率变化的

C.船籍改变而导致适用税率变化的

D.吨税执照在期满前毁损或者遗失但保存其复印件的

三、计算分析题

1.某公司将一台设备运往境外修理，出境时向海关报明价值780 000元人民币，支付境外修理费6 000美元、料件费2 500美元，支付复运进境的运输费2 000美元、保险费500美元。当期汇率美元：人民币＝1：6.82，该设备适用关税税率为7%。

要求：计算该公司应纳进口关税税额。

2.某公司从南非进口钻石一批，关税完税价格共计200 000元，另外在成交过程中，公司还向卖方支付佣金30 000元。假设钻石进口税率为50%。

要求：计算该批钻石应纳关税税额。

3.某公司出口一批资源类产品，FOB（宁波港）为63 000元，出口关税税率为5%。

要求：计算该公司应纳出口关税税额。

4.某具有进出口经营权的企业发生以下进口业务：

（1）从意大利进口一批实木地板，价格为50万元（人民币，下同），未含从境外起运地至境内口岸运费5万元。

（2）将一台设备运往境外修理，设备价120万元，修理费10万元，材料费12万元，运输费2万元，保险费0.8万元。

（3）以租赁方式进口一项设备，设备价200万元，支付租金20万元。

上述设备、货物的进口关税税率均为15%。

要求：计算各项业务应纳关税税额。

5.某外贸企业从某矿山购进锰铁300吨，直接报关离境出口。锰铁出厂价每吨5 000元人民币，FOB（青岛港）每吨700美元（汇率美元：人民币 = 1：6.89）。假设出口关税税率为20%。

要求：计算该批锰铁应交出口关税税额。

6.A国和我国签订了相互给予船舶税费最惠国待遇条款的协议，2022年2月，自A国港口进入我国港口船舶两艘，一艘为净吨位为10 000吨的货轮，一艘为发动机功率为4 000千瓦的拖船，这两艘船舶的执照期限均为1年。

假设对A国船舶吨税优惠税率为：1年执照期限，超过2 000净吨位，但不超过10 000净吨位的，税率为17.4元/净吨位。

要求：计算上述进入我国港口的船舶应缴纳的船舶吨税。

任务三　关税与船舶吨税征收管理

一、判断题（正确的打“√”，错误的打“×”）

1. 与纳税人无关而造成海关短征税款时，海关可以责令纳税义务人补缴关税，补征的时限为3年。（　　）

2. 进口货物的纳税人，应于进口货物申报入境之日起14日内，向货物进口地海关申报纳税。（　　）

3. 船舶吨税分1年期缴纳、90天期缴纳、30天期缴纳三种，缴纳期限由征收管理机关根据实际情况确定。（　　）

4. 船舶吨税担保期限一般不超过6个月，特殊情况需要延期的，应当经主管海关核准。应税船舶负责人应当在海关核准的船舶吨税担保期限内履行纳税义务。（　　）

5. 应纳税额在人民币50元以下的船舶可以免船舶吨税。（　　）

6. 非机动船舶可以免征船舶吨税，包括非机动驳船。（　　）

7. 纳税义务人在规定的期限内未作说明、未提供有关资料的，或者海关仍有理由怀疑申报价格的真实性和准确性的，海关可以不接受纳税义务人申报的价格，并按照规定估定完税价格。（　　）

8. 纳税义务人应当自海关填发税款缴款书之次月起15日内向指定银行缴纳税款。（　　）

9. 纳税义务人因不可抗力或者在国家税收政策调整的情形下，不能按期缴纳关税税款的，经依法提供税款担保后，可以延期缴纳税款，但是最长不得超过3个月。（ ）

10. 纳税义务人、担保人自缴纳税款期限届满之日起超过6个月仍未缴纳税款的，海关可以依法采取强制措施。（ ）

二、不定项选择题（每题至少有一个正确答案，请将正确答案填在括号内）

1. 关税的纳税义务人或者其代理人应在海关填发税款缴纳证明的次日起（ ）内向指定银行缴纳，并由当地银行解缴中央金库。

A.7日 B.10日 C.15日 D.30日

2. 下列机构中，有权决定征收特别关税的货物、适用国别、税率、期限和征收办法的是（ ）。

A. 商务部 B. 财政部
C. 海关总署 D. 国务院关税税则委员会

3. 进出口货物的收发货人或者其代理人，因海关误征而多缴税款或税法规定的其他情形需要办理退税的，可以自缴纳税款之日起（ ）内书面声明理由，连同原纳税收据向海关申请退税，逾期不予受理。

A. 半年 B.1年 C.3年 D.5年

4. 关税的强制执行措施包括（ ）。

A. 征收关税滞纳金 B. 处以应纳关税税额2～3倍罚款
C. 强制扣缴 D. 变价抵税

5. 关税征收管理的相关办法规定，补征和追征的期限为（ ）。

A. 补征期1年内 B. 追征期5年内
C. 补征期2年内 D. 追征期3年内

6. 下列进口货物中，经海关审查属实，不能酌情减免进口关税的是（ ）。

A. 在境内运输途中损失的货物
B. 在口岸起卸时遭受损坏的货物
C. 在起卸后海关放行前因不可抗力损失的货物
D. 非因保管不慎原因在海关查验时已经损坏的货物

7. 下列各项关于关税减免税的表述中，正确的是（ ）。

A. 无商业价值的广告品视同货物进口征收关税
B. 在海关放行前损失的货物免征关税
C. 盛装货物的容器单独计价的不征收关税
D. 关税税额在人民币50元以下的个人邮寄进境物品免征关税

8. 下列情形中，进出口货物的纳税义务人可自缴纳税款之日起1年内书面声明理由，可申请退税并加算银行同期存款利息的是（ ）。

A. 因海关误征，多纳税款的
B. 海关核准免验进口的货物，在完税后发现有短缺情况，经海关审查认可的
C. 已征出口关税的货物，因故未装运出口申报退关，经海关查验属实的

D. 在海关放行前损失的货物

9. 在法定减免税之外，国家按照国际通行规则和我国实际情况制定发布的有关进出口货物减免关税的政策，称为特定或政策性减免税。下列货物属于关税特定减免税的是（　　）。

A. 边境贸易进口物资

B. 无商业价值的广告品和货样

C. 出口加工区进出口货物

D. 境外捐赠用于扶贫、慈善性捐赠物资

10. 下列各项关于船舶吨税的表述中，正确的有（　　）。

A. 船舶吨税的纳税义务发生时间为应税船舶进入港口的当日

B. 应税船舶在吨税执照期限内，因修理导致净吨位变化的，吨税执照继续有效

C. 海关发现少征或者漏征税款的，应当自应税船舶应当缴纳税款之日起3年内补征税款

D. 应税船舶未按照规定申报纳税、领取吨税执照的，由海关责令限期改正，处2 000元以上30 000元以下的罚款；不缴或者少缴应纳税款的，处不缴或者少缴税款50%以上5倍以下的罚款，但罚款不得低于2 000元

项目五

资源与环境保护税纳税实务

任务一　资源与环境保护税基本要素

一、判断题（正确的打“√”，错误的打“×”）

1. 按照《中华人民共和国资源税法》的规定，我国资源税对全部应税资源产品实行从价计征办法。（　）

2. 2017年12月1日起，在北京、天津、山西、内蒙古、山东、河南、四川、陕西、宁夏等9个省（自治区、直辖市）扩大水资源税改革试点。（　）

3. 从全国范围来看，我国目前只将矿产品、盐等列入征税对象，只对原矿和原盐征税。（　）

4. 以应税资源产品投资、分配、抵债、赠与、以物易物等，视同销售，计算缴纳资源税，同时也缴纳增值税。（　）

5. 纳税人开采或者生产不同税目应税产品的，应当分别核算销售额或者销售数量，未分别核算的，从高适用税率。（　）

6. 试点地区水资源税的纳税人不包括个人。（　）

7. 纳税人以自采原矿洗选加工为选矿产品销售，按照选矿产品计征资源税，在原矿移送环节不缴纳资源税。（　）

8. 纳税人以自采原矿洗选加工为选矿产品后用于继续生产非应税产品的，不缴纳资源税。（　）

9. 耕地占用税是对占用耕地建设建筑物、构筑物或从事其他非农业建设的单位和个人征收的一种税。（　）

10. 企事业单位和其他生产经营者向依法设立的污水集中处理、生活垃圾集中处理场所排放应税污染物的，不属于直接向环境排放污染物，不缴纳相应污染物的环境保护税。（　）

11. 依法对畜禽养殖废弃物进行综合利用和无害化处理的，不属于直接向环境排放污染物，不缴纳环境保护税。（　）

12. 规模化养殖属于农业生产，其排放应税污染物可以免缴环境保护税。（　）

13. 纳税人因建设项目施工、地质勘查等需要，在不超过2年内临时使用应税土地并且没有修建永久性建筑物的行为，可以不缴纳耕地占用税。（　）

14. 经济发达且人均耕地特别少的地区，适用耕地占用税税额可以提高，但提高部分最高不得超过当地适用税额的50%。（　）

15. 纳税人占用鱼塘进行非农业建设，应缴纳耕地占用税。（　）

二、不定项选择题（每题至少有一个正确答案，请将正确答案填在括号内）

1. 下列单位出售的矿产品中，应缴纳资源税的是（　）。

A. 开采单位销售自行开采的天然大理石

B. 油田出售自行开采的天然气
C. 盐场销售自行开采的卤水
D. 煤矿出售自行开采的天然气

2. 某煤矿的下列经营活动中，同时缴纳资源税和增值税的是（　　）。
A. 自产洗煤用于连续生产煤化工产品
B. 自产洗煤用于企业职工澡堂
C. 自产洗煤用于抵偿债务
D. 自产洗煤用于火力发电

3. 下列情形中，可以不缴纳水资源税的是（　　）。
A. 农村集体经济组织从国家水库取用水
B. 农村家庭零星散养、圈养畜禽饮用等少量取用水
C. 某煤矿为保障井下生产安全临时应急排水
D. 农业抗旱临时应急取水

4. 试点省份的下列情形中，确定水资源税适用税额的原则正确的是（　　）。
A. 同一类型取用水，地下水税额要高于地表水
B. 同一类型取用水，地下水税额要低于地表水
C. 超采地区和严重超采地区取用地下水的具体适用税额，应按照非超采地区税额的2～5倍确定
D. 洗浴行业取用水，应从高确定税额

5. 占用应税土地建设建筑物、构筑物或者从事非农业建设的下列单位和个人中，属于耕地占用税的纳税人是（　　）。
A. 农用地转用审批文件中标明的建设用地人
B. 用地申请人
C. 实际用地人
D. 各级人民政府的土地储备中心

6. 下列占用土地的行为中，不征收耕地占用税的有（　　）。
A. 农田水利占用耕地
B. 建设直接为农业生产服务的生产设施占用林地、草地、农田水利用地、养殖水面、渔业水域滩涂以及其他农用地
C. 农村居民经批准搬迁，原宅基地恢复耕种，新建住宅占用耕地超过原宅基地面积不足10%
D. 因污染、取土、采矿塌陷等损毁应税土地，第5年恢复原状

7. 下列各项中，不属于环境保护税征税范围的是（　　）。
A. 某工业企业直接向环境排放大气污染物
B. 某机械制造企业直接向环境排放工业噪声
C. 某化工企业直接向环境排放水污染物
D. 某养殖场依法对畜禽养殖废弃物进行综合利用和无害化处理

8. 下列各项中，不征收环境保护税的是（　　）。

A.光源污染　B.噪声污染　C.水污染　D.大气污染

9.下列直接向环境排放污染物的主体中，不属于环境保护税纳税人的有（　）。

A.事业单位　B.国有企业　C.私营企业　D.个人

10.下列关于环境保护税税目的表述中，正确的有（　）。

A.石棉尘属于大气污染物　B.建筑施工噪声属于噪声污染

C.城市洗车行业排放污水属于水污染　D.医疗垃圾属于固体废物

任务二　资源与环境保护税应纳税额计算

一、判断题（正确的打“√”，错误的打“×”）

1. 纳税人销售应税资源收取的运杂费，不论是否与销售额分别核算，都应当一并计征资源税。（　）

2. 纳税人将其开采的原煤，自用于连续生产洗选煤的，在原煤移送使用环节不缴纳资源税。（　）

3. 纳税人将自采原煤与外购原煤（包括煤矸石）进行混合后销售的，应当准确核算外购原煤的数量、单价及运费，在确认计税依据时，可以扣减外购相应原煤的购进金额及运费。（　）

4. 耕地占用税应纳税额的计算，应根据批准占用的耕地面积和规定的税率，结合现行有关耕地占用税的减免优惠政策确定。（　）

5. 耕地占用税的计税依据是实际占用土地面积的亩数。（　）

6. 纳税人非法倾倒应税固体废物的，按当期应税固体废物的产生量作为固体废物的排放量缴纳环境保护税。（　）

7. 噪声污染以应税噪声企业实际产生的噪声分贝数确定环境保护税的计税依据。（　）

8. 纳税人未经批准占用应税土地，应税面积不能及时准确确定的，主管税务机关可根据实际占地情况核定征收耕地占用税，待应税面积准确确定后结清税款，结算补税的同时加收滞纳金。（　）

9. 对向海洋水体排放生活垃圾的，按照排放量计征环境保护税。（　）

10. 计算固体废物排放量时，可以从当期应税固体废物的产生量中减去固体废物的综合利用量。（　）

二、不定项选择题（每题至少有一个正确答案，请将正确答案填在括号内）

1.某铜矿耗用外购已税铜矿石和自采铜矿石原矿加工铜选矿，加工的铜选矿已出售，其资源税的计税依据是（　）。

A. 加工铜选矿销售取得的不含增值税全部价款和价外费用（除运费）

B. 自采铜矿石原矿移送使用数量与同类原矿销售单价的乘积

C. 确定加工铜选矿计税销售额时准予扣减已税产品的购进金额

D. 铜选矿销售不缴纳资源税

2. 某矿山将自采铁矿石原矿和外购已税铁矿石原矿混合后销售，其资源税处理方法正确的是（　）。

A. 不论能否准确核算已税产品的购进金额，一律按未税原矿计算缴纳资源税

B. 仅对自采铁矿石原矿按照同类资源产品销售价格计算纳税

C. 能准确核算已税产品购进金额的，在计算加工后的应税产品销售额时，准予扣减已税产品的购进金额

D. 未分别核算已税产品购进金额的，一并计算缴纳资源税

3. 纳税人同时销售（包括视同销售）应税原煤和洗选煤的，未分别核算或者不能准确提供原煤和洗选煤销售额的，其资源税处理方法正确的是（　　）。

A. 一律从高适用税率计算纳税

B. 由税务机关核定其中的原煤销售额和洗选煤销售额，分别纳税

C. 一并视同洗选煤计算纳税

D. 减半征收资源税

4. 纳税人视同销售应税资源产品行为而无销售额的，并且没有同类产品平均销售价格的，应按组成计税价格确定销售额，其组成计税价格的构成内容包括（　　）。

A. 实际生产成本　B. 利润　C. 应纳资源税　D. 应纳增值税

5. 纳税人有视同销售应税资源产品行为而无销售价格的，或者申报的应税产品销售价格明显偏低且无正当理由的，税务机关可以确定其应税产品计税价格的方法包括（　　）。

A. 按纳税人最近时期同类产品的平均销售价格确定

B. 按其他纳税人最近时期同类产品的平均销售价格确定

C. 按应税产品组成计税价格确定

D. 按后续加工非应税产品销售价格，减去后续加工环节的成本利润后确定

6. 纳税人在计算应税资源产品计税销售额时可予以扣减的运杂费用，应同时符合的条件有（　）。

A. 包含在应税产品销售收入中

B. 属于纳税人销售应税产品环节发生的运杂费用，具体是指运送应税产品从坑口或者洗选（加工）地到车站、码头或者购买方指定地点的运杂费用

C. 取得相关运杂费用发票或者其他合法有效凭据

D. 将运杂费用与计税销售额分别进行核算

7. 纳税人计算资源税时核算并扣减当期外购已税资源产品购进金额，依据的凭证包括（　　）。

A. 外购已税产品的增值税专用发票　B. 外购已税产品的增值税普通发票

C. 海关进口增值税专用缴款书　D. 其他合法有效凭据

8. 纳税人占用基本农田从事非农业生产或建设建筑物、构筑物，应在当地适用税额的基础上加按（　　）征收耕地占用税。

A.60%　　B.80%　　C.150%　　D.50%

9. 纳税人有下列情形之一的，以其当期应税大气污染物、水污染物的产生量作为污染物的排放量征收环境保护税（　）。

A. 已安装使用污染物自动监测设备但未与环境保护主管部门的监控设备联网

B. 损毁或者擅自移动、改变污染物自动监测设备

C. 篡改、伪造污染物监测数据

D. 通过稀释排放方式排放应税污染物

10. 下列各项关于噪声污染环境保护税计算的表述中，正确的是（　）。

A. 一个单位有不同地点作业场所的，根据最高一处超标声级计算应纳税额

B. 昼、夜均超标的环境噪声，按昼、夜分别计算应纳税额，累计计征

C. 声源1个月内超标不足15天的，减半计算应纳税额

D. 夜间频繁突发和夜间偶然突发厂界超标噪声，按等效声级和峰值噪声两种指标中超标分贝值高的一项计算应纳税额

11. 应税大气污染物、水污染物、固体废物的排放量和噪声的分贝数的确定方法包括（　）。

A. 污染物自动监测设备自动监测数据

B. 监测机构出具的符合国家有关规定和监测规范的监测数据

C. 按国务院环境保护主管部门规定的排污系数、物料衡算的方法计算

D. 按省、自治区、直辖市人民政府环境保护主管部门规定的抽样测算的方法核定

12. 下列各项关于环境保护税应纳税额计算的表述中，正确的有（　）。

A. 应税大气污染物的应纳税额为污染排放量乘以具体适用税额

B. 应税水污染物的应纳税额为污染当量数乘以具体适用税额

C. 应税固体废物的应纳税额为固体废物排放量乘以具体适用税额

D. 应税噪声的应纳税额为超过国家规定标准的分贝数对应的具体适用税额

13. 下列各项关于应税大气污染物、水污染物污染当量数计算的表述中，正确的有（　）。

A. 进行虚假纳税申报的，以纳税人当期应税大气污染物、水污染物的产生量作为污染物的排放量

B. 应税大气污染物、水污染物的污染当量数，以该污染物的排放量除以该污染物的污染当量值计算

C. 纳税人有多个大气污染物排放口的，按照污染当量数从大到小排序，对前三个排放口排放的污染物征收环境保护税

D. 悬浮物属于第二类水污染物

14. 纳税人排放应税大气污染物或者水污染物的浓度值低于国家和地方规定的污染物排放标准30%的，减按（　）征收环境保护税。

A.45%　　B.55%　　C.65%　　D.75%

15. 对污水和废气中的污染物征收环境保护税，下列做法中，正确的有（　）。

A. 对污水和废气中的全部污染物计算征税

B. 每一排放口的应税水污染物，按照《应税污染物和当量值表》，区分第一类水污染物和其他类水污染物，按照污染当量数从大到小排序，对第一类水污染物按照前五项征收环境保护税，对其他类水污染物按照前三项征收环境保护税

C. 每一排放口或者没有排放口的应税大气污染物，按照污染当量数从大到小排序，对前三项污染物征收环境保护税

D. 每一排放口的应税水污染物，按照污染当量数从大到小排序，对前五项征收环境保护税

三、计算分析题

1. 某煤矿企业为增值税一般纳税人，2022年8月采用分期收款方式向某供热公司销售优质原煤3 000吨，每吨不含税售价320元，价款合计960 000元，购销合同规定，本月收取1/3的价税合计款，实际取得价税合计款300 000元。销售选煤2 000吨，每吨不含税售价600元；移送原煤1 500吨用于加工煤制品；用自产的80吨选煤支付发电厂电费。当月购进货物、劳务、服务等可抵扣的进项税额为250 000元。该煤矿原煤资源税税率为8%，洗选煤资源税税率为6%。

要求：计算当月应纳资源税税额和当月应纳增值税税额。

2. 某油田2022年8月份生产原油80万吨，其中销售30万吨，不含增值税销售单价为5 400元/吨，移送下属炼油厂20万吨加工提炼，开采原油过程中加热用油0.5万吨。此外，与原油同时开采天然气60万立方米，其中销售50万立方米，不含增值税销售单价为2元/立方米。原油和天然气适用税率为6%。

要求：计算该油田当月应缴纳的资源税税额。

3. 某铁矿山2022年8月生产铁矿石原矿100吨，当月销售铁矿石原矿12吨，取得不含增值税价款4 160元，80吨用于生产铁选矿，铁选矿当月售出60吨，每吨不含增值税价格430元，当月购进铁矿石原矿15吨，每吨不含税购进价格350元，取得增值税专用发票，在生产铁选矿过程中耗用外购原矿石8吨，当月购进其他货物、劳务、服务，取得增值税扣税凭证注明进项税额1 800元。该铁矿石原矿资源税税率为5%，铁矿石选矿资源税税率为4%。

要求：计算当月应纳资源税税额和增值税税额。

4. 位于水资源税试点地区的某县洗浴中心属于一般超采区，位于公共管网覆盖内，拥有取用地下水的自备井，年度取水计划为1 000立方米，2022年1—6月累计取用水600立方米，7月该洗浴中心申报取水量为800立方米。假设该省人民政府规定，一般超采区位于公共管网覆盖内的水资源税适用税额标准为60元/立方米。超出用水计划的，取水量≤20%的，超出部分按水资源适用税额标准2倍征收；20%＜取水量≤40%的，超出部分按水资源适用税额标准2.5倍征收；取水量>40%的，超出部分按水资源适用税额标准3倍征收。

要求：计算该洗浴中心2022年7月应申报缴纳的水资源税。

5. 某养殖场（增值税小规模纳税人）2022年6月办理相关手续，经批准，占用耕地4亩、草地8亩建办公楼，占用园地12亩、林地3亩建牛棚，当地适用税额为20元/平方

米。假定养殖场所在地地方人民政府确定，增值税小规模纳税人可以在50%的税额幅度内减征资源税、城市维护建设税、房产税、城镇土地使用税、印花税（不含证券交易印花税）、耕地占用税和教育费附加、地方教育附加。

要求：计算该企业2022年上述业务应缴纳的耕地占用税。

6.某火力发电厂是环境保护税纳税人，该厂仅有一个废气排放口，已安装使用符合国家规定和监测规范的污染物自动监测设备，监测大气应税污染物二氧化硫。检测数据显示，2022年6月该排放口共排放大气污染物1 000万立方米，其中应税污染物浓度分别为二氧化硫120毫克/立方米、氮氧化物40毫克/立方米（由监测机构监测）。假设该厂所在省的大气污染物税率为1.2元/污染当量。

要求：计算该火力发电厂2022年6月应缴纳的环境保护税。

任务三　资源与环境保护税纳税申报

一、判断题（正确的打“√”，错误的打“×”）

1. 对衰竭期矿山开采的矿产资源，减征50%资源税。（　　）

2. 纳税人采取预收货款结算方式销售应税产品，其纳税义务发生时间为发出应税商品的当天。（　　）

3. 纳税人应纳的资源税，向纳税人机构所在地税务机关缴纳。（　　）

4. 位于水资源税试点地区的某奶牛养殖场直接取用河水用于奶牛养殖用水的，可以免缴水资源税。（　　）

5. 纳税人占用耕地应当在机构所在地申报纳税。（　　）

6. 国家机关占用耕地建造办公楼，免征耕地占用税。（　　）

7. 不能按固定期限计算缴纳环境保护税的纳税人，可以按次申报缴纳。（　　）

8. 应税大气污染物和水污染物的具体适用税额的确定和调整，由省、自治区、直辖市人民政府在税法规定的税额幅度内提出，报同级人民代表大会常务委员会决定，并报国家税务总局备案。（　　）

9. 经批准占用应税土地的，耕地占用税纳税义务发生时间为纳税人实际占地的当天。（　　）

10. 未经批准占用应税土地的纳税人，应在实际占地之日起30日内申报缴纳耕地占用税。（　　）

二、不定项选择题（每题至少有一个正确答案，请将正确答案填在括号内）

1.某煤矿开采的原煤用于下列用途，按照资源税规定，应在移送使用环节计算缴纳资源税的是（　　）。

A.继续加工洗煤　B.对外投资　C.抵偿债务　D.继续生产焦炭

2.某煤矿开采的原煤用于连续生产洗煤，其资源税纳税环节是（　　）。

A. 原煤移送使用环节（视同销售纳税）

B. 洗煤销售环节

C. 洗煤自用环节

D. 不缴纳资源税

3. 开采原油以及在油田范围内运输原油过程中用于加热可以免征资源税的应税资源包括（　　）。

A. 原油　　B. 原煤　　C. 选煤　　D. 天然气

4. 某煤矿销售自采的原煤，9月30日与某电厂签订了供煤合同，合同约定，在10月15日前煤矿需将原煤送到电厂，电厂在11月15日前要支付50%货款，另外的50%货款下年1月底付清即可。煤矿如约送货，电厂实际在12月底支付50%货款，当年资源税纳税义务发生时间是（　　）。

A. 9月30日　　B. 10月15日　　C. 11月15日　　D. 12月底

5. 获准占用耕地的单位或者个人，应当在（　　）缴纳耕地占用税。

A. 实际占用耕地之日起10日内

B. 实际占用耕地之日起30日内

C. 收到自然资源主管部门办理占用耕地手续的书面通知之日起10日内

D. 收到自然资源主管部门办理占用耕地手续的书面通知之日起30日内

6. 下列各项中，暂予免征环境保护税的有（　　）。

A. 农业生产（不包括规模化养殖）排放应税污染物的

B. 机动车等流动污染源排放应税污染物的

C. 依法设立的城乡污水集中处理、生活垃圾集中处理场所排放应税污染物的

D. 纳税人综合利用的固体废物，符合国家和地方环境保护标准的

7. 下列各项关于环境保护税纳税地点的表述中，不正确的是（　　）。

A. 纳税人应当向应税污染物排放地的税务机关申报缴纳环境保护税

B. 应税大气污染物的排放口所在地属于应税污染物排放地

C. 纳税人跨区域排放应税污染物，税务机关对税收征收管辖有争议的，由争议各方按照有利于征收管理的原则协商解决

D. 纳税人跨区域排放应税污染物，对税收征收管辖有争议，不能协商一致的，一律报请国家税务总局决定

8. 环保税纳税人应当自季度终了或者纳税义务发生之日起（　　）日内向税务机关办理纳税申报并缴纳税款。

A.5　　B.10　　C.15　　D.20

9. 根据环境保护税法的规定，环境保护税的征收机关是（　　）。

A. 应税大气污染物、水污染物排放口所在地税务机关

B. 应税固体废物产生地税务机关

C. 应税噪声产生地税务机关

D. 直接排放应税污染物的纳税人机构所在地税务机关

10. 下列关于环境保护税减免税的说法中，正确的是（　　）。

A. 减征环境保护税的，应当对每一排放口排放的不同应税污染物分别计算。

B. 有自动监测设备或者监测机构监测单位监测的浓度值数据，是减税的基本条件

C. 环境保护税减免税项目属于审批类减免

D. 符合减免税情形的纳税人，无须专门办理减免税备案手续

三、实训题

1. 实训目标

熟悉财产和行为税纳税申报表及资源税税源明细表，掌握资源税纳税申报的基本技能。

2. 实训要求

根据实训资料填制财产和行为税纳税申报表与资源税税源明细表。

3. 业务资料

详见“任务二　资源与环境保护税应纳税额计算”的计算分析题第1题所给某煤矿企业业务资料，纳税申报日期为2022年9月7日。

4. 实训资料

《财产和行为税纳税申报表》《资源税税源明细表》见表5-1、表5-2。

表5-1　财产和行为税纳税申报表

纳税人识别号（统一社会信用代码）：□□□□□□□□□□□□□□□□□□□□

纳税人名称：　　　　金额单位：人民币元（列至角分）

序号	税种	税目	税款所属期起	税款所属期止	计税依据	税率	应纳税额	减免税额	已缴税额	应补（退）税额
1										
2										
3										
4										
5										
6										
7										
8										
9										
10										
11	合计	—	—	—	—	—				

续表

声明：此表是根据国家税收法律法规及相关规定填写的，本人（单位）对填报内容（及附带资料）的真实性、可靠性、完整性负责。 纳税人（签章）：　　年　月　日	
经办人： 经办人身份证号： 代理机构签章： 代理机构统一社会信用代码：	受理人： 受理税务机关（章）： 受理日期：　　年　月　日

表5-2　　资源税税源明细表

税款所属期限：自　　年　月　日至　　年　月　日

纳税人识别号（统一社会信用代码）：□□□□□□□□□□□□□□□□□□□□□□

纳税人名称：　　　　金额单位：人民币元（列至角分）

申报计算明细

序号	税目	子目	计量单位	销售数量	准予扣减的外购应税产品购进数量	计税销售数量	销售额	准予扣除的运杂费	准予扣减的外购应税产品购进金额	计税销售额
	1	2	3	4	5	6 = 4−5	7	8	9	10 = 7−8−9
1										
2										
合计										

减免税计算明细

序号	税目	子目	减免性质代码和项目名称	计量单位	减免税销售数量	减免税销售额	适用税率	减征比例	本期减免税额
	1	2	3	4	5	6	7	8	9① = 5×7×8 9② = 6×7×8
1									
2									
合计									

项目六

财产税纳税实务

任务一 财产税基本要素

一、判断题（正确的打“√”，错误的打“×”）

1. 在我国境内转让国有土地使用权、地上建筑物及其附着物，只缴纳土地增值税，不缴纳城镇土地使用税、房产税以及增值税。 （ ）

2. 出租房地产也会产生增值额，因此要缴纳土地增值税。 （ ）

3. 某市政府机关转让办公楼给一企业，应当缴纳土地增值税。 （ ）

4. 土地增值税是针对“有偿转让”房地产行为征税，因此，所有的房地产“赠送行为”都不需要缴纳土地增值税。 （ ）

5. 契税实行3%～5%的幅度税率，各省、自治区、直辖市人民政府可以根据本地区实际情况决定开征与否，并确定适用税率。 （ ）

6. 房屋产权出典的，出典人为房产税纳税义务人。 （ ）

7. 某市公立小学无租使用附近工厂的土地，由学校代为缴纳房产税。 （ ）

8. 为吸引外资，外商投资企业所有的生产经营用房产均不缴纳房产税。 （ ）

9. 城镇土地使用税的税率适用有幅度的差别税额（定额税率），其每个幅度税额的差距为30倍。 （ ）

10. 依法不需要办理登记的车船，不缴纳车船税。 （ ）

二、不定项选择题（每题至少有一个正确答案，请将正确答案填在括号内）

1. 下列各项中，属于土地增值税征税范围的是（ ）。

A. 用房地产抵偿所欠债务　　B. 房地产的出租

C. 合作建房后转让房产　　D. 房地产的代建行为

2. 下列行为中，应当征收土地增值税的是（ ）。

A. 非房地产企业间用房地产进行投资

B. 兼并企业取得被兼并企业的房地产

C. 房地产抵押

D. 企业间交换房地产

3. 房地产开发企业将开发产品用于（ ）项目，不属于视同销售房地产。

A. 开发的部分房地产用于换取其他单位的非货币性资产

B. 开发的部分房地产用于职工福利

C. 开发的部分房地产用于出租

D. 开发的部分房地产用于对外投资

4. 下列行为中，不需要缴纳契税的是（ ）。

A. 等价互换房屋　　B. 接受投资入股的房产

C. 以获奖方式取得的房屋　　D. 受赠的房屋

5.下列各项中，属于房产税征收范围的是（　　）。

A.露天游泳池

B.房地产开发企业建造的商品房在出售前对外出租

C.某工业企业地处于农村的生产用房

D.房地产开发企业开发的待售商品房

6.下列各项关于房产税纳税人的表述中，不正确的是（　　）。

A.产权属国家所有的，纳税人为经营管理单位

B.产权出典的，由出典人纳税

C.产权所有人、承典人不在房屋所在地的，由房产代管人或者使用人纳税

D.产权未确定及租典纠纷未解决的，由房产代管人或者使用人纳税

7.下列各项中，应当征收房产税的是（　　）。

A.房屋租赁合同约定有免收租金期限的，在免收租金期间的房产

B.个人拥有的非营业房产

C.居民住宅内业主共有的经营性房产

D.投资者以房产投资联营，收取固定收益，不承担联营风险的房屋

8.下列各项中，应当征收城镇土地使用税的是（　　）。

A.军队的训练场用地

B.公园的茶社用地

C.市政广场用地

D.免税单位无偿使用纳税单位的土地

9.下列各项中，可以成为城镇土地使用税纳税人的是（　　）。

A.拥有土地使用权的单位和个人

B.出租房屋的承租方

C.对外转让房屋的转让方

D.共有土地使用权的各方

10.下列各项中，不属于车船税征税范围的是（　　）。

A.机场内部场所使用的车辆　　B.小汽车

C.火车　　D.拖船

三、辨析题

1.家庭财产分割在什么情况下要缴纳契税，在什么情况下可以免征契税？

2.甲企业为房地产开发企业，以自行开发的商铺投资，与某商贸公司联营成立康隆商城，双方协商，共担风险，共分利润。分析上述业务中甲企业、康隆商城应履行的纳税义务。

任务二　财产税应纳税额的计算

一、判断题（正确的打“√”，错误的打“×”）

1. 纳税人建造普通标准住宅出售，增值额超过扣除项目金额20%的应就其超过部分征税。（　）

2. 转让旧房的，应按房屋的净值、取得土地使用权所支付的地价款和按国家统一规定交纳的有关费用及在转让环节缴纳的税金作为扣除项目金额计征土地增值税。（　）

3. 土地增值税纳税人转让房地产的，只有取得货币收入，才需要缴纳土地增值税。（　）

4. 土地使用权转让、房屋买卖，其契税的计税依据为市场价格。（　）

5. 以划拨方式取得土地使用权，后改为出让方式的，契税计税依据为补缴的土地出让金。（　）

6. 融资租赁的房产，以该房产的余值计算征收房产税。（　）

7. 以房产投资联营，投资者参与投资利润分红、共担风险的，按照房产余值作为计税依据计征房产税。（　）

8. 房产税的征税对象是房屋，由于房屋属于不动产，所以与房屋不可分割的各种附属设备也应作为房屋一并征税。其中的“各种附属设备”包括独立于房屋之外的建筑物，如水塔、烟囱等。（　）

9. 城镇土地使用税以纳税人实际占用的土地面积为计税依据。（　）

10. 拖船和非机动驳船，减按30%征收车船税。（　）

二、不定项选择题（每题至少有一个正确答案，请将正确答案填在括号内）

1. 房地产开发公司支付的下列相关税费，不可列入加计20%扣除范围的是（　）。

A. 安置动迁用房支出　B. 支付建筑人员的工资福利费

C. 开发小区内的道路建设费用　D. 销售过程中发生的销售费用

2. 下列各项关于房地产开发企业土地增值税清算的表述中，正确的是（　）。

A. 房地产开发企业逾期开发缴纳的土地闲置费可以扣除

B. 对于分期开发的房地产项目，清算方式应保持一致

C. 房地产开发企业销售已装修房屋，可以扣除的装修费用不得超过房屋原值的10%

D. 房地产开发企业为取得土地使用权所支付的契税，应计入“取得土地使用权所支付的金额”中扣除

3. 企业开发房地产取得土地使用权所支付的金额为1 000万元，房地产开发成本6 000万元，向金融机构借入资金利息支出400万元，不能提供金融机构的贷款证明。已知该企业所在地政府规定的房地产开发费用的计算扣除比例为8%，该企业允许扣除

的房地产开发费用为（　　）万元。

A.400　　B.350　　C.560　　D.750

4.某房地产公司转让商品楼收入5 500万元，计算土地增值额准许扣除项目金额4 000万元，则适用税率为（　　）。

A.30%　　B.40%　　C.50%　　D.60%

5.房地产开发企业在计算土地增值税时，允许从收入中直接扣减的“与转让房地产有关的税金”包括（　　）。

A.增值税　　B.教育费附加

C.契税　　D.城市维护建设税

6.下列各项中符合契税计税依据的是（　　）。

A.购买精装修房屋，装修费要作为契税的计税依据

B.房屋赠与，参照房屋买卖的市场价格核定

C.土地使用权出售，以成交价格为计税依据，不包括承受者交付的实物经济利益

D.房屋互换，所互换房屋的价格差为契税的计税依据

7.某企业2022年破产清算时，其房地产评估价值为4 000万元，其中以价值3 000万元的房地产抵偿债务，将价值1 000万元的房地产进行拍卖，拍卖收入1 200万元。债权人获得房地产后，与他人进行房屋互换，取得额外补偿500万元。当事人各方合计应缴纳契税（　　）万元。（适用契税税率3%）

A.15　　B.36　　C.51　　D.126

8.张某婚前购置了一套商品房，面积100平方米，价款125万元（不含税价款），房产证上只写了张某的名字。之后张某与李某结婚，结婚后张某在房产证上也加上了李某的名字，李某应缴纳的契税为（　　）。（当地规定契税税率3%）

A.0　　B.1.875万元　　C.1.5万元　　D.1万元

9.2022年4月中国公民肖某首次购买商品房一套，面积85平方米，合同总价格54.4万元，其中含装修费8.4万元。肖某购买该住房应缴纳契税（　　）元。

A.4 600　　B.5 440　　C.6 900　　D.8 160

10.下列各项中，符合房产税规定的是（　　）。

A.房产税的计税余值的扣除比例由当地省、自治区、直辖市人民政府在幅度内自行确定

B.房屋的租金收入，是房屋产权所有人出租房产使用权取得的货币收入

C.房产税在城市、县城、建制镇、工矿区和农村征收

D.企事业单位按市场价格向个人出租用于居住的住房，房产税税率是12%

11.下列各项关于房产税的表述中，错误的是（　　）。

A.房屋的租金收入不包含实物收入

B.房屋的租金收入包含货币收入和实物收入

C.依据房产租金计税的，税率为12%

D.对个人出租房屋的租金申报不实的由省级税务机关结合当地实际情况确定

12.某大型企业房产原值为8 000万元，其中有一座房产原值为250万元的内部医院

和一座房产原值为150万元的幼儿园。当地规定房产余值扣除比例为25%，则该企业当年应缴纳的房产税为（ ）万元。

A.58.21　　B.56.65　　C.68.40　　D.74.40

13.按照城镇土地使用税的有关规定，下列表述中，错误的是（ ）。

A.设立在农村的商业企业不征收城镇土地使用税

B.土地使用权未确定或权属纠纷未解决的暂不缴纳税款

C.土地使用权共有的，由共有各方分别按其使用面积纳税

D.建制镇的个人经营用房要按照规定缴纳城镇土地使用税

14.下列各项关于车船税计税依据的表述中，正确的是（ ）。

A.非机动车船全部免税

B.从事运输业务的船舶，按车船税税额的70%计征

C.车辆的具体适用税额由省、自治区、直辖市主管税务机关依照《车船税税目税额表》规定的税额幅度和国务院的规定确定

D.在同一纳税年度内，已缴纳车船税的车船办理转让过户的，不另缴纳车船税，同时也不退税

15.甲公司拥有机动船舶2艘，净吨位分别为200吨、150吨；150千瓦的拖船1艘；小型机动船舶4艘，净吨位均为1吨。该地机动船舶车船税税额为：净吨位每吨年税额3元。甲公司应缴纳的车船税为（ ）元。

A.1 212.75　　B.1 299.75　　C.1 363.50　　D.2 092.50

三、计算分析题

1.A房地产开发公司2019年5月被认定为增值税一般纳税人，该公司于2019年1月—2022年2月开发B住宅项目（非普通住宅），发生相关业务如下：

（1）2018年1月通过竞拍获得一宗国有土地使用权，合同记载总价款10 000万元，并规定2018年3月1日动工开发。由于公司资金短缺，于2019年4月才开始动工。因超过期限1年未进行开发建设，被政府相关部门按照规定征收土地受让总价款20%的土地闲置费。

（2）支付拆迁补偿费、前期工程费、基础设施费、公共配套设施费和间接开发费用合计2 500万元。

（3）2021年3月该项目竣工验收，应支付建筑企业工程总价款3 500万元。根据合同约定，当期实际支付价款为总价款的95%，剩余5%作为质量保证金留存2年，建筑企业按照工程总价款开具发票。

（4）发生销售费用、管理费用共计1 000万元，向商业银行借款的利息支出600万元，其中含超过贷款期限的利息和罚息150万元，已取得相关凭证。

（5）2021年5月开始销售，可售总面积为50 000平方米，截至2021年8月底销售面积为45 000平方米，取得收入47 250万元（不含税），尚余5 000平方米房屋未销售；当期允许抵扣的进项税额为2 002.5万元。

（6）2021年9月主管税务机关要求房地产开发公司就B住宅项目进行土地增值税

清算。

（7）2022年2月底公司将剩余的5 000平方米房屋打包销售，收取价款4 725万元。

其他相关资料如下：

（1）当地适用的契税税率为5%、城市维护建设税税率为7%、教育费附加征收率为3%、地方教育附加征收率为2%、印花税税率为0.5‰；

（2）其他开发费用扣除比例为5%；

（3）纳税人选择简易计税办法缴纳增值税，所列收入均为含税收入。

要求：

（1）简要说明主管税务机关于2021年9月要求房地产开发公司对该项目进行土地增值税清算的理由。

（2）计算2021年9月进行土地增值税清算时可扣除的成本金额。

（3）计算2021年9月进行土地增值税清算时可扣除的开发费用金额。

（4）计算2021年9月进行土地增值税清算时可扣除的税金及附加。

（5）计算2021年9月进行土地增值税清算时该房地产开发公司应缴纳的土地增值税（不考虑企业预缴的土地增值税）。

（6）计算2022年该房地产开发公司土地增值税清算以后销售尾房应缴纳的土地增值税。

2.A公司是增值税一般纳税人，其机构所在地位于某市区。A公司于2016年2月1日从本市B公司购买房产一处，取得相关发票；成交价格为1 000万元、缴纳契税30万元，并办理了过户手续。2022年6月10日，以1 575万元含税价将此处房产销售给C公司。A公司选择按简易计税办法缴纳增值税并开具发票。

要求：

（1）计算A公司计算土地增值税允许扣除的成本。

（2）计算A公司转让房产应缴纳的税金及附加。

（3）计算A公司转让房产应缴纳的土地增值税。

3.B公司成立于2020年11月，为增值税一般纳税人，2020年10月在市区产业园区内取得国有土地使用权，占地面积18万平方米，单位土地价格为每平方米800元，公司计入无形资产的金额为1 440万元，该地段属于二级地，单位城镇土地使用税税额为每平方米12元，土地使用情况如下：

（1）1#厂房用地，建造钢结构厂房，建筑面积5万平方米，占地面积8万平方米，建造成本5 040万元，记入“固定资产”账户。2022年2月通过相关部门验收，同期对外经营出租给乙有限责任公司0.5万平方米，租期5年，年租金65.4万元（含增值税）于本年年末一次收取。2022年6月公司取得厂房产权证书。

（2）2#办公用地建造框架结构办公楼，建筑面积0.6万平方米，占地面积10万平方米，建造成本1 200万元，记入“固定资产”账户，其中与办公楼相连的地下车库0.08万平方米。2022年12月通过相关部门验收，2023年5月取得房屋产权证书。

假设B公司厂房与办公楼均委托施工单位建造，当地规定对经营自用的房屋，按房产原值一次扣除10%后的余值计税。

要求：根据上述资料回答以下问题。

（1）B公司房产税、城镇土地使用税纳税义务发生时间是何时？

（2）地下建筑物如何申报缴纳房产税、城镇土地使用税？

（3）兼有从价、从租计征房产税的计税依据该如何确定？

（4）假设当地政府确定房产税、城镇土地使用税分期缴纳的期限为半年，从租征收房产税采用权责发生制，计算B公司2022年应缴纳的房产税、城镇土地使用税。

四、综合提高题

1.位于市区的某国有工业企业为增值税一般纳税人，增值税税率13%。2020年5月该企业利用厂区空地建造写字楼，相关支出如下：

（1）按照国家有关规定补交土地出让金4 000万元，缴纳相关税费160万元。

（2）写字楼前期工程及基础设施费3 000万元。

（3）写字楼开发费用中的利息支出为300万元（不能提供金融机构证明）。

2022年6月写字楼竣工并交付使用，企业支付工程建筑成本，取得一般纳税人开具的增值税专用发票，注明金额3 500万元、增值税税额315万元。2022年7月该企业将总建筑面积1/2的写字楼销售，签订销售合同，取得销售收入6 500万元，将另外1/2建筑面积的写字楼出租，当年取得租金收入15万元。

其他相关资料：该企业所在省规定，按土地增值税暂行条例规定的最高限额计算扣除房地产开发费用，房产余值扣除比例为20%。

要求：

（1）计算在确定土地增值税时应扣除的取得土地使用权所支付的金额。

（2）计算在确定土地增值税时应扣除的开发成本金额。

（3）计算在确定土地增值税时应扣除的开发费用金额。

（4）计算销售写字楼时应缴纳的增值税（取得收入额均不含税）及附加、印花税，并计算在确定土地增值税时允许扣除的有关税金。

（5）计算应缴纳的土地增值税。

（6）计算2022年企业应缴纳的房产税。

2.2022年，位于甲市的A公司（增值税一般纳税人，不属于小型微利企业）为了实行战略扩张，进行了相应的并购重组，相关业务如下：

（1）4月，A公司吸收合并了位于乙市的D公司，从D公司承继价值1 000万元、占地面积9 000平方米的厂房，D公司注销，合并后原投资主体存续。

（2）4月，本市F公司申请破产，通过协商，A公司承受F公司在本市的价值800万元、占地面积6 000平方米的厂房，A公司当月以银行存款结清，对原F公司员工不予安置。

（3）6月，A公司在本市购买一个占地24 000平方米的露天停车场，合同总价款为2 000万元，合同约定分三期付款，当年付款800万元。

（4）6月，A公司为了在乙市建立生产基地，购买价值4 000万元、占地面积18 000平方米的厂房；购买耕地15 000平方米（其中3 000平方米用于经依法申请获得批准建设的职工医院），支付750万元；购买非耕地5 000平方米，应缴纳土地出让金1 000万元，当地政府给予土地出让金减免100万元，实际缴纳土地出让金900万元。

（5）8月，本市一家国有企业出售，经过谈判，A公司收购这家国有企业，该国有企业注销法人资格，A公司承受该国有企业土地价值1 000万元、占地面积50 000平方米，该国有企业原有职工全部由A公司安置。

假设甲市城镇土地使用税年税额为8元/平方米，乙市城镇土地使用税年税额为2.5元/平方米、耕地占用税税额为45元/平方米，契税税率均为3%，房产税余值扣除比例均为20%。

要求：根据上述资料，分析计算2022年A公司应缴纳的契税、房产税、城镇土地使用税、耕地占用税。

任务三　财产税纳税申报

一、判断题（正确的打“√”，错误的打“×”）

1. 土地增值税的纳税人应在转让房地产合同签订后的7日内，到房地产所在地主管税务机关办理纳税申报。（　）

2. 国家收回国有土地使用权、征用地上建筑物及附着物的，免征土地增值税。（　）

3. 房地产开发项目全部竣工、完成销售的，纳税人应进行土地增值税的清算。（　）

4. 经批准获减免税的纳税人改变土地、房屋的用途，不再属于契税减免税范围的，应当补缴已经减免的税款。（　）

5. 房产税实行按年计算、分期缴纳的征收方法，具体纳税期限由省级税务机关确定。（　）

6. 纳税人应当在依法办理土地、房屋权属登记手续前申报缴纳契税。按规定不再需要办理土地、房屋权属登记的，纳税人应自纳税义务发生之日起90日内申报缴纳契税。（　）

7. 企业厂区内的绿化地带占地可以免征城镇土地使用税。（　）

8. 纳税人新征用的非耕地，自批准征用当月起缴纳城镇土地使用税。（　）

9. 节约能源、使用新能源的车船可以免征车船税。（　）

10. 由扣缴义务人代收代缴机动车车船税，是指纳税人在购买机动车时，由销售方同时扣缴车船税。（　）

二、不定项选择题（每题至少有一个正确答案，请将正确答案填在括号内）

1. 下列各项中，按规定可以免征或者暂免征收土地增值税的是（　）。

A. 被兼并企业将房地产转让到兼并企业

B. 兼并企业将其接受的被兼并企业的房地产对外转让

C. 单位之间互换房地产

D. 个人之间互换自有居住用房地产

2. 下列各项关于土地增值税清算的表述中，正确的是（　　）。

A. 土地增值税以国家有关部门审批的房地产开发项目为单位进行清算，对于分期开发的项目，以分期项目为清算单位

B. 取得销售（预售）许可证满3年仍未销售完毕的，应该进行清算

C. 应进行土地增值税清算的项目，纳税人应当在满足条件之日起30日内到主管税务机关办理清算手续

D. 纳税人按规定预缴土地增值税后，清算补缴的土地增值税，在主管税务机关规定的期限内补缴的，不加收滞纳金

3. 下列各项中，符合土地增值税核定征收条件的是（　　）。

A. 依照法律、行政法规的规定应当设置但未设置账簿的

B. 擅自销毁账簿或者拒不提供纳税资料的

C. 虽设置账簿，但账目混乱难以确定转让收入的

D. 虽设置账簿，但成本资料、费用凭证残缺不全，难以确定扣除项目金额的

4. 下列各项中，可依法减免契税的有（　　）。

A. 某市人民医院购买的医疗大楼

B. 老王承受一片荒山土地使用权，用于开发果园

C. 小红家为改善住房条件而新买的商品房

D. 某集团刚收购的营业大楼

5. 下列各项关于契税纳税申报、纳税义务发生时间的表述中，正确的是（　　）。

A. 契税纳税义务发生时间为签订土地、房屋权属转移合同的当天或取得合同性质凭证的当天

B. 纳税人应当在依法办理土地、房屋权属登记手续前申报缴纳契税

C. 因改变土地、房屋用途等情形应当缴纳已经减征、免征契税的，纳税义务发生时间为改变有关土地、房屋用途等情形的当日

D. 按规定不再需要办理土地、房屋权属登记的，纳税人应自纳税义务发生之日起60日内申报缴纳契税

6. 下列各项关于房产税免税规定的表述中，正确的是（　　）。

A. 个人所有的房产一律免征房产税

B. 宗教人员使用的生活用房屋免征房产税

C. 房管部门向居民出租的公有住房免征房产税

D. 应税房产大修停用3个月以上的，在大修期间可免征房产税

7. 下列各项中，符合房产税纳税义务发生时间规定的是（　　）。

A. 将原有房产用于生产经营，从生产经营之次月起缴纳房产税

B. 委托施工企业建设的房屋，从办理验收手续之次月起缴纳房产税

C. 购置存量房，自权属登记机关签发房屋权属证书之次月起缴纳房产税

D. 纳税人出租、出借房产，自交付出租、出借房产之次月起缴纳房产税

8. 房产不在同一地方的纳税人，缴纳房产税的纳税地点为（　　）。

A. 企业登记注册地
B. 纳税人生产经营所在地
C. 按房产的坐落地点，分别向房产所在地缴纳
D. 按房产的坐落地点，选择向任一处房产所在地缴纳

9. 下列各项关于城镇土地使用税纳税义务发生时间的表述中，正确的是（　　）。
A. 纳税人购置存量房，自房屋交付使用之次月起纳税
B. 纳税人购置新建商品房，自房屋交付使用之次月起纳税
C. 纳税人新征用的非耕地，自批准征用之次月起纳税
D. 以出让或转让方式有偿取得土地使用权的，合同未约定交付土地时间的，由受让方从合同签订之次月起纳税

10. 下列各项中，不符合车船税征收管理规定的是（　　）。
A. 车船税的申报纳税期限由省级人民政府确定
B. 车船税的纳税地点为车船所有人的住所所在地
C. 车船所有人没有缴纳车船税的，使用人应当代为缴纳车船税
D. 车船税纳税义务发生时间为车船管理部门核发的登记证书上记载日期的当月

三、实训题

1. 实训目标

熟悉城镇土地使用税、房产税纳税申报资料及其逻辑关系，掌握财产和行为税纳税申报基本技能。

2. 实训要求

根据实训资料填报《城镇土地使用税 房产税税源明细表》《财产和行为税纳税申报表》。

3. 实训资料

（1）业务资料。详见“任务二　财产税应纳税额的计算”的计算分析题第3题所给B公司业务资料，根据题中2020年企业取得土地使用权1#厂房用地及2022年建成，使用厂房相关信息填写城镇土地使用税、房产税税源明细；根据题中2022年土地、房产资料填写后半年《财产和行为税纳税申报表》。题中涉及的纳税人信息资料略。

（2）申报资料。《城镇土地使用税 房产税税源明细表》（见表6–1）和《财产和行为税纳税申报表》（见表6–2）

表6-1　　　　　　　　　　城镇土地使用税 房产税税源明细表

纳税人识别号（统一社会信用代码）：□□□□□□□□□□□□□□□□□□□□

纳税人名称：　　　　　　　　　　　　　　　　　　　金额单位：人民币元（列至角分）；面积单位：平方米

一、城镇土地使用税税源明细							
*纳税人类型	土地使用权人□ 集体土地使用人□ 无偿使用人□ 代管人□ 实际使用人□（必选）	土地使用权人纳税人识别号（统一社会信用代码）			土地使用权人名称		
*土地编号		土地名称			不动产权证号		
不动产单元号		宗地号			*土地性质	国有□ 集体□（必选）	
*土地取得方式	划拨□ 出让□ 转让□ 租赁□ 其他□（必选）	*土地用途	工业□ 商业□ 居住□ 综合□ 房地产开发企业的开发用地□ 其他□（必选）				
*土地坐落地址（详细地址）	省（自治区、直辖市）　市（区）　县（区）　乡镇（街道）　（必填）						
*土地所属主管税务所（科、分局）							
*土地取得时间	年　月	变更类型	纳税义务终止（权属转移□ 其他□）信息项变更（土地面积变更□ 土地等级变更□ 减免税变更□ 其他□）			变更时间	年　月
*占用土地面积		地价		*土地等级		*税额标准	
减免税部分	序号	减免性质代码和项目名称	减免起止时间：减免起始月份	减免起止时间：减免终止月份		减免税土地面积	月减免税金额
	1		年　月	年　月			
	2						
	3						
二、房产税税源明细							
（一）从价计征房产税明细							
*纳税人类型	产权所有人□ 经营管理人□ 承典人□ 房屋代管人□ 房屋使用人□ 融资租赁承租人□（必选）	所有权人纳税人识别号（统一社会信用代码）			所有权人名称		

续表

*房产编号				房产名称				
不动产权证号				不动产单元号				
*房屋坐落地址（详细地址）	省（自治区、直辖市）　市（区）　县（区）　乡镇（街道）　（必填）							
*房产所属主管税务所（科、分局）								
房屋所在土地编号				*房产用途	工业□ 商业及办公□ 住房□ 其他□ （必选）			
*房产取得时间	年　月		变更类型	纳税义务终止（权属转移□ 其他□） 信息项变更（房产原值变更□ 出租房产原值变更□ 减免税变更□ 申报租金收入变更□ 其他□）			变更时间	年　月
*建筑面积				其中：出租房产面积				
*房产原值				其中：出租房产原值			计税比例	
减免税部分	序号	减免性质代码和项目名称			减免起止时间		减免税房产原值	月减免税金额
					减免起始月份	减免终止月份		
	1				年　月	年　月		
	2							
	3							
（二）从租计征房产税明细								
*房产编号					房产名称			
*房产所属主管税务所（科、分局）								
承租方纳税人识别号（统一社会信用代码）					承租方名称			
*出租面积					*申报租金收入			
*申报租金所属租赁期起					*申报租金所属租赁期止			
减免税部分	序号	减免性质代码和项目名称			减免起止时间		减免税租金收入	月减免税金额
					减免起始月份	减免终止月份		
	1				年　月	年　月		
	2							
	3							

表6-2　　财产和行为税纳税申报表

纳税人识别号（统一社会信用代码）：□□□□□□□□□□□□□□□□□□□□

纳税人名称：　　　　　　　　　　　　　　　　　　　　金额单位：人民币元（列至角分）

序号	税种	税目	税款所属期起	税款所属期止	计税依据	税率	应纳税额	减免税额	已缴税额	应补（退）税额
1										
2										
3										
4										
5										
6										
7										
8										
9										
10										
11										
12	合计	—	—	—	—	—				
声明：此表是根据国家税收法律法规及相关规定填写的，本人（单位）对填报内容（及附带资料）的真实性、可靠性、完整性负责。 纳税人（签章）：　　　年　月　日										
经办人： 经办人身份证号： 代理机构签章： 代理机构统一社会信用代码：					受理人： 受理税务机关（章）： 受理日期：　　年　月　日					

四、案例分析题

房产是以房屋形态表现的财产。独立于房屋之外的建筑物，如酒窖菜窖、室外游泳池、玻璃暖房、各种油气罐等，不属于房产，不计入房产税原值。与房屋不可分离的附属设施，应计入房产原值。如果将除厂房、办公用房以外的建筑物建成露天的，并且把这些独立建筑物的造价同厂房、办公用房的造价分开，在会计账簿中单独核算，则这部分建筑物的造价不计入房产原值，不缴纳房产税。

现有甲企业位于某市市区，近年来由于生产经营规模不断扩大，企业原有材料库储备能力严重不足。2022年企业拟新建一个材料库，由于企业所用材料可以露天存放，所以有人建议将库房建为材料池，库房建造原预计成本4 000万元，改建材料池预计可节约建造成本2 000万元。假设当地政府规定的扣除比例为30%。

要求：分析如果采纳上述建议，企业还可以节约哪项支出。

项目七

特定行为目的税纳税实务

任务一　特定行为目的税基本要素

一、判断题（正确的打“√”，错误的打“×”）

1. 在中国境内书立所有经济凭证的单位和个人均为印花税的纳税人。（　　）

2. 民法典中的典型合同都属于印花税应税合同。（　　）

3. 对于应税凭证，凡由两方或两方以上当事人共同书立的，其当事人各方都是印花税的纳税人，应各就其所持凭证的计税金额履行纳税义务。（　　）

4. 纳税人以电子形式签订的各类应税凭证，不征收印花税。（　　）

5. 不需注册上牌的应税车辆，不需要缴纳车辆购置税。（　　）

6. 车辆购置税以列举的车辆为征税对象，未列举的车辆不纳税，其征税范围包括汽车、有轨电车、汽车挂车、排气量超过150毫升的摩托车。（　　）

7. 由受托方代收、代扣“两税”的纳税人，按扣缴义务人缴纳“两税”所在地的规定税率就地缴纳城市维护建设税。（　　）

8. 证券交易印花税目前单边征收，即只对买入方征收。（　　）

9. 借款合同的印花税税率为万分之五。（　　）

10. 烟叶税的纳税人是销售烟叶的单位或个人。（　　）

二、不定项选择题（每题至少有一个正确答案，请将正确答案填在括号内）

1. 根据印花税法的规定，下列各项中，属于印花税征税范围的是（　　）。

A. 财产保险合同　　B. 土地使用权出让合同

C. 买卖合同　　D. 股权转让协议

2. 按印花税法的规定，下列各项中，应纳印花税的是（　　）。

A. 电网与用户之间签订的供用电合同

B. 个人出租门店签订的租赁合同

C. 土地使用权出让合同

D. 甲、乙公司签订的加工合同

3. 下列各项关于印花税纳税义务人的表述中，正确的有（　　）。

A. 建立账簿的以立账簿人为纳税人

B. 订立财产转移书据的以立据人为纳税人

C. 书立经济合同的以合同各方当事人为纳税人

D. 在国外书立凭证转国内使用的以使用人为纳税人

4. 下列各项中，属于印花税纳税义务人的是（　　）。

A. 合同的担保人

B. 受让证券的当事人

C. 签订合同的证人

D. 以电子形式签订应税凭证的当事人

5. 下列各项中，属于车辆购置税应税行为的是（　　）。

A. 购买使用应税车辆的行为　　B. 销售应税车辆的行为

C. 受赠使用应税车辆的行为　　D. 自产自用应税车辆的行为

6. 下列各项关于车辆购置税的表述中，正确的是（　　）。

A. 实行一车一申报制度　　B. 无轨电车不属于征税范围

C. 不予退税　　D. 税率为20%

7. 下列各项中，不属于城市维护建设税纳税义务人的是（　　）。

A. 缴纳增值税的事业单位　　B. 缴纳消费税的国有企业

C. 缴纳增值税的外商投资企业　　D. 只缴纳个人所得税的公司职员

8. 下列各项关于城市维护建设税适用税率的表述中，正确的是（　　）。

A. 纳税人所在地为市区的，税率为7%

B. 由受托方代收代扣“两税”的纳税人，按扣缴义务人缴纳“两税”所在地的规定税率就地缴纳城市维护建设税

C. 流动经营等无固定纳税地点的纳税人，可按纳税人缴纳“两税”所在地的规定税率就地缴纳城市维护建设税

D. 纳税人所在地不在市区、县城或建制镇的，税率为3%

9. 下列各项关于烟叶税的表述中，不正确的是（　　）。

A. 烟叶税实行比例税率，税率为30%

B. 烟叶税由税务机关征收

C. 烟叶税的纳税义务发生时间为纳税人收购烟叶的当天

D. 纳税人收购烟叶，应当向烟叶收购地的主管税务机关申报纳税

10. 城市维护建设税采用的税率形式是（　　）。

A. 产品比例税率　　B. 行业比例税率

C. 地区差别比例税率　　D. 有幅度的比例税率

三、辨析题

现在高新技术企业很多，这些公司签订的技术合同所涉印花税问题是许多高新技术企业关注的要点，请结合下列案例进行分析。

某高新技术企业甲企业2022年7月业务如下：

（1）从乙企业购入技术服务，合同列明金额50万元，后因发生不可抗力，合同解除。

（2）与丙企业签订专利申请权转让合同一份。

（3）与丁企业签订专利权转让合同一份。

（4）在境外与戊企业签订设备进口合同一份。

请问：上述业务，甲企业都需要缴纳印花税吗？如果缴纳印花税，所适用的税目税率是什么？

任务二　特定行为目的税应纳税额的计算

一、判断题（正确的打“√”，错误的打“×”）

1. 应税合同印花税的计税依据，为合同所列的金额，包括列明的增值税税款。（　）

2. 应税合同、产权转移书据未列明金额的，印花税的计税依据按照实际结算的金额确定。（　）

3. 同一应税凭证载有两个以上税目事项并分别列明金额的，按照各自适用的税目税率分别计算应纳税额；未分别列明金额的，从高适用税率。（　）

4. 已经缴纳印花税的营业账簿，以后年度增加实收资本和资本公积，按照增加部分计算应纳印花税税额。（　）

5. 进口自用应税车辆计征车辆购置税的计税依据，与进口环节计算增值税的计税依据一致。（　）

6. 纳税人购买自用应税车辆车辆购置税的计税价格，为纳税人实际支付给销售者的全部价款，不包括增值税税款。（　）

7. 城市维护建设税和教育费附加的计征依据是纳税人实际缴纳的增值税、消费税税额。纳税人违反增值税、消费税有关法律规定而加收的滞纳金和罚款，也作为城市维护建设税和教育费附加的计税依据。（　）

8. 烟叶税的计税依据是烟叶收购单位实际支付给销售方的收购价款。（　）

9. 退还的增值税期末留抵税额应计入城市维护建设税的计税依据。（　）

10. 城市维护建设税的计税依据不包括增值税免抵税额。（　）

二、不定项选择题（每题至少有一个正确答案，请将正确答案填在括号内）

1. 某建筑公司与甲企业签订一份建筑承包合同，合同金额6 000万元（含相关费用50万元）。施工期间，该建筑公司又将其中价值800万元的安装工程分包给乙企业，并签订分包合同。该建筑公司上述业务应缴纳印花税（　）万元。

A.1.785　　B.1.800　　C.2.025　　D.2.040

2. 甲公司与乙公司分别签订了两份合同：一是易货合同，甲公司的货物价值200万元，乙公司的货物价值150万元；二是买卖合同，甲公司购买乙公司50万元货物，但因故合同未能履行。甲公司应缴纳印花税（　）元。

A.150　　B.600　　C.1 050　　D.1 200

3. 某企业2022年年初资金账簿上已按规定缴纳印花税10 000元，2022年7月新增资本金，年末实收资本为2 000万元，资本公积为7 000万元。该企业2022年资金账簿应缴纳印花税（　）元。

A.45 000　　B.22 500　　C.47 500　　D.35 000

4. 某汽车修配厂与机械进出口公司签订购买价值2 000万元测试设备合同，为购买此设备向工商银行签订借款2 000万元的借款合同。后因市场变化，将买卖合同解除，改签融资租赁合同，租赁费1 000万元。该厂共应缴纳印花税（　　）元。

A.1 500　　B.6 500　　C.7 000　　D.7 500

5.某机关2022年4月购车一辆，随购车支付的下列款项中，应并入计税依据征收车辆购置税的是（　　）。

A.紧俏车加价　　B.增值税税款　　C.零部件价款　　D.车辆装饰费

6.王某于2022年5月购置一辆排气量为1.6升的乘用车，支付全部价款（含增值税）169 500元，其中包括车辆装饰费5 500元。王某应缴纳的车辆购置税为（　　）元。

A.11 250　　B.14 513　　C.15 000　　D.16 950

7.某市区甲企业为增值税一般纳税人，当期销售货物应缴纳增值税20万元，消费税15万元，进口货物缴纳进口环节增值税2万元，该企业当期应缴纳城市维护建设税为（　　）万元。

A.2.45　　B.2.59　　C.1.75　　D.2.31

8.A先生为某国驻我国的外交官，2022年1月A先生将其自用2年的一辆小轿车转让给我国公民李某，成交价为110 000元，该辆小轿车规定的使用年限为4年，初次办理纳税申报时确定的计税价格为240 000元。则该辆小轿车应补纳的车辆购置税税额为（　　）。

A.0　　B.11 000元　　C.12 000元　　D.24 000元

9.进口并自用车辆计算车辆购置税的组成计税价格公式为（　　）。

A. 组成计税价格＝关税完税价格＋关税＋消费税＋车辆购置税

B. 组成计税价格＝关税完税价格＋关税＋消费税

C. 组成计税价格＝关税完税价格＋关税＋消费税＋增值税

D. 组成计税价格＝关税完税价格＋关税＋消费税－增值税

10.某烟厂为增值税一般纳税人，2022年5月从农民手中收购烟叶支付价款500万元，并按规定支付10%的价外补贴，已开具烟叶收购发票，收购烟叶当月全部用于生产卷烟。下列各项表述中，正确的是（　　）。

A.烟厂需要缴纳烟叶税100万元

B.烟厂需要缴纳烟叶税110万元

C.烟厂可以抵扣进项税额共计50万元

D.烟厂可以抵扣进项税额共计66万元

11.2022年5月某市的卷烟生产企业委托设在县城的烟丝加工厂加工一批烟丝，提货时，加工厂代收代缴的消费税为1 600元，其对城市维护建设税和教育费附加的下列处理中正确的是（　　）。

A. 在烟丝加工厂所在地缴纳城市维护建设税及教育费附加192元

B. 在烟丝加工厂所在地缴纳城市维护建设税及教育费附加160元

C. 在卷烟厂所在地缴纳城市维护建设税及教育费附加192元

D. 在卷烟厂所在地缴纳城市维护建设税及教育费附加160元

12.下列各项中，属于城市维护建设税计税依据的是（　　）。

A. 某酒厂销售啤酒缴纳的消费税
B. 个体工商户拖欠增值税加收的滞纳金
C. 个人独资企业偷税被处的增值税罚款
D. 某制造业企业偷逃的增值税税款

三、计算分析题

1. 某企业（增值税小规模纳税人）2022年1月开业，“实收资本”账户贷方金额为800万元；与银行签订借款合同一份，借款金额为3 000万元，年利率为8%，借款期限为2年。与其他企业订立买卖合同一份，所载金额为100万元；订立房屋租赁合同一份，所载金额为100万元；订立承揽合同一份，列明加工收入10万元，受托方提供原材料价值90万元。假定企业所在地地方人民政府确定，增值税小规模纳税人可以在50%的税额幅度内减征资源税、城市维护建设税、房产税、城镇土地使用税、印花税（不含证券交易印花税）、耕地占用税和教育费附加、地方教育附加。

要求：

（1）确定上述业务涉及的印花税应税凭证，以及各类应税凭证的计税依据。
（2）计算借款合同应缴纳的印花税。
（3）计算承揽合同应缴纳的印花税。
（4）计算买卖合同应缴纳的印花税。
（5）计算租赁合同应缴纳的印花税。
（6）计算该企业上述业务合计应缴纳的印花税。

2. 某公司（增值税一般纳税人，不属于小型微利企业）2022年发生的经济业务如下：

（1）采用以货易货方式进行商品交易，签订合同两份：一份标明交换商品的价值，本企业商品A价值50万元，对方商品B价值55万元；另一份未标明交换商品的价值，只列明用本企业10吨商品A换取对方9吨商品C。经核实，该公司销售商品A的平均单价为10 000元/吨，对方销售商品C的平均单价为9 000元/吨，差价由交换商品价值低的一方以现金形式支付。

（2）与某科研单位签订一份技术开发合同，合同所载金额为100万元，其中研发经费为20万元。

（3）与甲企业签订一份协议，承租甲企业设备一台，每月租赁费5万元，租赁期限1年，支付租金60万元。与乙公司发生融资租赁业务，承租乙公司大型机械一台，合同注明租赁费总金额为220万元。

（4）在国外签订一份设备进口合同，合同注明价款60.23万元，进口设备已安装完毕。

（5）5月份与保险公司签订财产保险合同，保险标的物价值总额为5 000万元，按12‰的比例支付保险费用。当月为本企业建筑队的30名建设人员购买保险，签订人寿保险合同，支付保费50万元。

要求：计算该公司2022年应缴纳的印花税。

3. 张某2022年5月8日从某汽车4S店购买一辆轿车供自己使用，支付含增值税价款113 000元，支付代收临时牌照费169.5元、代收保险费3 390元，支付购买工具件和零配件含增值税价款2 260元、车辆装饰费（含增值税）282.5元。支付的各项价费均由汽车4S店开具机动车销售统一发票和有关票据。

要求：计算张某购置车辆应缴纳的车辆购置税。

任务三　特定行为目的税纳税申报

一、判断题（正确的打“√”，错误的打“×”）

1. 印花税的纳税义务发生时间为应税凭证履行完毕或者完成证券交易的当日。（　　）

2. 企业因改制签订的产权转移书据免征印花税。（　　）

3. 车辆购置税征税环节为使用环节（即最终消费环节），具体而言，车辆购置税是在应税车辆上牌登记注册前的使用环节征收。（　　）

4. 购置已征车辆购置税的车辆，不再征收车辆购置税。（　　）

5. 海关对进口产品代征增值税、消费税的，同时代征城市维护建设税和教育费附加。（　　）

6. 代征、代扣代缴增值税、消费税的单位，同时也要代征、代扣代缴城市维护建设税和教育费附加。（　　）

7. 根据印花税法的相关规定，对财产租赁合同的应纳税额超过1角不超过1元的，按1元贴花。（　　）

8. 已缴纳印花税的凭证副本或抄本，免交印花税。（　　）

9. 烟叶税的纳税义务发生时间是纳税人收购烟叶的当天，应当自纳税义务发生之日起60日内申报纳税。（　　）

10. 烟叶税纳税人应当向其机构所在地的主管税务机关申报缴纳烟叶税。（　　）

二、不定项选择题（每题至少有一个正确答案，请将正确答案填在括号内）

1. 下列各项关于印花税纳税申报和缴纳的表述中，正确的是（　　）。

A. 印花税按季、按年或者按次计征

B. 实行按季、按年计征的，纳税人应当自季度、年度终了之日起15日内申报缴纳税款

C. 实行按次计征的，纳税人应当自纳税义务发生之日起5日内申报缴纳税款

D. 证券交易印花税按月解缴

2. 下列凭证中免征印花税的是（　　）。

A. 国际金融组织向中国提供一般贷款书立的借款合同

B. 无息或者贴息借款合同

C. 电子订单

D. 农业保险合同

3. 下列各项关于印花税的表述中，正确的是（　　）。

A. 纳税人为单位的，应当向其机构所在地的主管税务机关申报缴纳印花税

B. 纳税人为个人的，应当向应税凭证书立地或者纳税人居住地的主管税务机关申报缴纳印花税

C. 印花税的纳税义务发生时间为纳税人书立应税凭证或者完成证券交易的当日

D. 证券交易印花税扣缴义务发生时间为证券交易完成的当日

4. 下列各项关于车辆购置税申报与缴纳的表述中，正确的是（　　）。

A. 纳税人购置自用的应税车辆，应自购买之日起15日内申报纳税

B. 纳税人进口自用的应税车辆，应自进口之日起30日内申报纳税

C. 纳税人购置需办理车辆登记注册手续的应税车辆，向车辆登记注册地的税务机关申报纳税

D. 自产、受赠、获奖和以其他方式取得并自用的应税车辆，应当自取得之日起60日内申报纳税

5. 下列各项关于车辆购置税纳税地点的表述中，不正确的有（　　）。

A. 购置需要办理车辆登记注册手续的应税车辆，纳税地点是纳税人所在地

B. 购置不需要办理车辆登记注册手续的应税车辆，应当向购买地主管税务机关申报纳税

C. 购置需要办理车辆登记注册手续的应税车辆，纳税地点是车辆上牌落籍地

D. 购置不需要办理车辆登记注册手续的应税车辆，应当向纳税人所在地主管税务机关申报

6. 我国车辆购置税实行法定减免税，下列各项中，属于车辆购置税减免税范围的是（　　）。

A. 外国驻华使馆、领事馆和国际组织驻华机构及其外交人员自用车辆

B. 回国服务的留学人员用人民币现金购买一辆个人自用国产小汽车

C. 设有固定装置的非运输专用作业车辆

D. 长期来华定居专家进口的一辆自用小汽车

7. 下列各项中，符合城市维护建设税纳税地点规定的是（　　）。

A. 代扣代缴、代收代缴“两税”的单位和个人，其城市维护建设税的纳税地点在代扣代收地

B. 流动经营无固定地点的单位，为单位注册地

C. 流动经营无固定地点的个人，为居住地

D. 代征代扣“两税”的单位和个人，为被代征人所在地

8. 下列各项关于印花税征收管理的表述中，不正确的是（　　）。

A. 对已履行并贴花的合同，所载金额与合同履行后实际结算金额不一致的，只要双方未修改合同金额，一般不再办理完税手续

B. 纳税人为境外单位或者个人，在境内有代理人的，境内代理人应当按规定扣缴印花税，向境内合同履约地主管税务机关申报解缴税款

C. 纳税人为境外单位或者个人，在境内没有代理人的，由税务机关指定扣缴义务人

D. 纳税人为境外单位或者个人，在境内没有代理人的，纳税人应当自行申报缴纳印花税

9. 烟叶税的纳税义务发生时间为纳税人收购烟叶的当天。其中，收购烟叶的当天是指（　）。

A. 向烟叶销售者付讫收购烟叶运输费用的当天

B. 向烟叶销售者支付价外补贴的当天

C. 向烟叶销售者支付烟叶收购价款的当天

D. 向烟叶销售者付讫收购烟叶款项或者开具收购烟叶凭据的当天

10. 下列各项关于车辆购置税的表述中，正确的有（　）。

A. 车辆退回生产企业或者经销商的，纳税人申请退税时，主管税务机关自纳税人办理纳税申报之日起，按已缴纳税款每满1年扣减10%计算退税额

B. 纳税人提供的购置证明注明的时间超过3年（含）的或无法提供任何有效证明的，主管税务机关按照3年追溯期确定滞纳税款之日

C. 免税车辆因改变用途原因，其免税条件消失的，纳税人应在免税条件消失之日起90日内到主管税务机关重新申报纳税

D. 免税车辆发生转让，但仍属于免税范围的，受让方应当自购买或取得车辆之日起60日内到主管税务机关重新申报免税

三、实训题

1. 实训目标

熟悉印花税纳税申报的基本内容，掌握印花税申报表填制的基本技能。

2. 实训要求

根据实训资料填制《印花税税源明细表》《财产和行为税纳税申报表》。

3. 实训资料

（1）业务资料。

某高新技术企业（增值税一般纳税人）2022年7月开业，注册资金为220万元，当年印花税涉税业务如下（合同金额均不含增值税税额）：

① 8月1日建账时共设8个账簿，其中资金账簿记载实收资本220万元。

② 9月22日签订公路货物运输合同一份，委托市汽运公司运输设备一台，合同记载全程运费20 000元、增值税税款1 800元。2022年9月24日全额支付上述运费。

③ 签订买卖合同4份，分别是：9月30日购进台式电脑5台，合同载明单价3 000元，金额15 000元，税额1 950元；10月8日购进设备一台，合同载明单价2 000 000元，税额260 000元；10月15日购进办公用品，合同载明金额30 000元，税额3 900元；10月20日购进办公家具，合同载明金额400 000元，税额5 200元，该份合同有80 000元未履约。上述买卖合同款项均于2022年11月20日支付。

④ 10月5日与工商银行××支行签订借款合同1份，记载金额5 000 000元，当年支付借款利息80 000元，借款于2022年10月15日到账，利息尚未支付。

⑤ 11月3日与广告公司签订广告牌制作合同1份，记载制作费30 000元，税额900元。款项于2022年12月10日支付。

⑥ 11月8日，与某高校签订教学软件开发合同1份，记载金额600 000元，截至年末，款项尚未收到。

⑦ 11月12日，签订广告位租赁合同1份，记载年租金100 000元，增值税税额13 000元，租期5年，2022年11月30日支付租金20 000元，税额2 600元。

⑧ 11月20日，签订转让A专有技术使用权合同1份，记载金额1 500 000元，款项尚未收回。

企业印花税按年申报，申报日期为2023年1月12日。

（2）申报资料。

《印花税税源明细表》见表7-1，《财产和行为税纳税申报表》见表7-2。

表7-1　印花税税源明细表

纳税人识别号（统一社会信用代码）：□□□□□□□□□□□□□□□□□□□□

纳税人名称：　　　　　　　　　　　　　　　　　　　金额单位：人民币元（列至角分）

序号	*税目	*税款所属期起	*税款所属期止	应纳税凭证编号	应纳税凭证书立（领受）日期	*计税金额或件数	核定比例	*税率	减免性质代码和项目名称
按期申报									
1									
2									
3									
按次申报									
1									
2									
3									

四、案例分析题

A企业与B企业签订运输合同，合同中所载运输费及保管费共计400万元。考虑双方的长期战略合作关系，类似合同今后会有很多，两家企业希望能有办法减少该项业务的印花税支出。

请问：你能给出合理建议吗？

表7-2　　　　　　　　　　　　财产和行为税纳税申报表

纳税人识别号（统一社会信用代码）：□□□□□□□□□□□□□□□□□□□□

纳税人名称：　　　　　　　　　　　　　　　　　　　金额单位：人民币元（列至角分）

序号	税种	税目	税款所属期起	税款所属期止	计税依据	税率	应纳税额	减免税额	已缴税额	应补（退）税额
1										
2										
3										
4										
5										
6										
7										
8										
9										
10										
11										
12	合计	—	—	—	—	—				

声明：此表是根据国家税收法律法规及相关规定填写的，本人（单位）对填报内容（及附带资料）的真实性、可靠性、完整性负责。

纳税人（签章）：　　　　年　月　日

经办人： 经办人身份证号： 代理机构签章： 代理机构统一社会信用代码：	受理人： 受理税务机关（章）： 受理日期：　　年　月　日

项目八

企业所得税纳税实务

任务一　企业所得税基本要素

一、判断题（正确的打“√”，错误的打“×”）

1. 个人独资企业不适用企业所得税法。（　）

2. 非居民企业只就来源于我国境内的所得缴纳所得税。（　）

3. 我国企业所得税法对居民企业的判定标准采取的是登记注册地标准和实际管理控制地标准相结合的原则，依照这一标准在境外登记注册的企业属于非居民企业。（　）

4. 非居民企业在中国境内设立机构、场所的，其来源于中国境内的所得一律按25%的税率缴纳企业所得税。（　）

5. 居民企业的适用税率为25%，非居民企业的适用税率为20%。（　）

6. 动产转让所得应按照转让动产的企业或者机构、场所所在地，确定是否为来源于中国境内的所得。（　）

7. 分支机构不是独立的法人组织，因此不需申报缴纳企业所得税。（　）

8. 企业所得税15%的优惠税率仅适用于我国境内的高新技术企业。（　）

9. 来源于我国境内的特许权使用费所得，是指特许权使用地在我国境内。（　）

10. 对非居民企业在中国境内取得工程作业和劳务所得应缴纳的所得税，税务机关可以指定工程价款或者劳务费的支付人为扣缴义务人。（　）

二、不定项选择题（每题至少有一个正确答案，请将正确答案填在括号内）

1. 下列各项中，符合企业所得税法规定的是（　）。

A. 居民企业应当只就其来源于中国境内的所得缴纳企业所得税

B. 居民企业应当就其来源于中国境内、境外的所得缴纳企业所得税

C. 非居民企业就其来源于中国境内、境外的所得缴纳企业所得税

D. 非居民企业发生在我国境外的所得一律不在我国缴纳企业所得税

2. 根据企业所得税法的规定，依照外国（地区）法律成立且实际管理机构不在中国境内，但在中国境内设立机构、场所的，或者在中国境内未设立机构、场所，但有来源于中国境内所得的企业，是（　）。

A. 本国企业　B. 外国企业　C. 居民企业　D. 非居民企业

3. 国外某公司在中国设立分支机构，其来源于中国境内取得的与该分支机构有直接联系的所得适用的企业所得税税率是（　）。

A. 20%　B. 25%　C. 15%　D. 20%减半

4. 根据企业所得税法的规定，下列各项中，按负担、支付所得的纳税人所在地确定所得来源地的是（　）。

A. 销售货物所得　B. 权益性投资所得

C. 动产转让所得　D. 特许权使用费所得

5.根据企业所得税法的规定，判定居民企业的标准是（　　）。

A.登记注册地标准　　　　　　　　B.所得来源地标准

C.经营行为实际发生地标准　　　　D.实际管理机构所在地标准

6.根据企业所得税法的规定，下列所得来源地的规定中，正确的是（　　）。

A. 销售货物所得按照交易活动发生地确定

B. 提供劳务所得按照提供劳务的企业或者机构、场所所在地确定

C. 不动产转让所得按照转让不动产的企业或者机构、场所所在地确定

D. 权益性投资资产转让所得按照被投资企业所在地确定

7.在中国境内未设立机构、场所的纳税人有下列情形之一的，县级以上税务机关可以指定扣缴义务人（　　）。

A. 预计工程作业或者提供劳务期限不足一个纳税年度，且有证据表明不履行纳税义务的

B. 没有办理税务登记或者临时税务登记，且未委托中国境内的代理人履行纳税义务的

C. 未按照规定期限办理企业所得税纳税申报或者预缴申报的

D. 将商标使用权让渡给境内企业使用的某外国公司未办理企业所得税纳税申报的

8.作为判定纳税人是否为居民企业的标准之一的“实际管理机构”是指对企业（　　）实施实质性全面管理和控制。

A.生产经营　　B.人员　　C.账务　　D.财产

9.下列各项中，不属于企业所得税征税对象的是（　　）。

A. 中国境内母公司取得来源于境外子公司分配的利润

B. 在中国境内设立维修厂的境外某公司取得来源于中国境内的维修所得

C. 国外某公司向中国销售货物取得的所得

D. 国外某汽车公司在中国设厂取得的汽车销售所得

10.根据企业所得税法的规定，下列各项中，属于非居民企业的是（　　）。

A. 依法在开曼群岛成立但实际管理机构在中国境内的企业

B. 外国商人在中国境内成立的全资子公司

C. 国外某公司通过对我国香港企业控股间接取得的来源于中国境内的股利

D. 依法在开曼群岛成立的国外某企业将货物销往中国境内取得的所得

三、辨析题

设立于F国的某跨国集团在我国香港成立甲公司，购买内地某省乙企业40%的股份，支付36 800万元人民币，除此之外，设在香港的甲公司没有其他业务。2022年8月，该跨国集团将位于我国香港的甲公司转让给设立于G国的丙企业，转让价格为46 200万元人民币。

请问：该交易行为需要在我国境内缴纳企业所得税吗？

任务二　收入总额的确定

一、判断题（正确的打“√”，错误的打“×”）

1. 企业所得税法规定，企业以非货币形式取得的收入，应当按照公允价值确定收入额。（　）

2. 企业销售低值易耗品取得的收入不属于企业所得税法所称的销售货物收入。（　）

3. 企业销售货物涉及现金折扣的，应当按照扣除现金折扣后的金额确定销售货物收入。（　）

4. 企业受托加工制造大型机械设备、船舶、飞机等，以及从事建筑、安装、装配工程业务或者提供劳务等，持续时间超过12个月的，按照累计完工进度或者完成的工作量确认收入的实现。（　）

5. 企业所得税法规定，采取产品分成方式取得收入的，按照企业分得产品的日期确认收入的实现，其收入额按照市场价格确定。（　）

6. 房地产开发企业将其开发的房地产对外投资时，可不进行所得税纳税申报。（　）

7. 房地产开发企业开发的产品全部完工实现销售时，才产生应税收入。（　）

8. 汽车制造厂将自制的货车用于本厂食堂，不需要视同销售确认收入。（　）

9. 纳税人将外购的货物对外捐赠，需要视同销售确认收入，同时应确认销售成本。（　）

10. 某花卉公司销售花卉并提供花卉养护服务，则该花卉养护服务的收入可在养护期内均衡确认。（　）

二、不定项选择题（每题至少有一个正确答案，请将正确答案填在括号内）

1. 企业所得税法规定，企业以股权投资方式取得的收入，应当按照（　）确定收入额。

A. 公允价值　　B. 重置价值
C. 历史价值　　D. 原始价值

2. 企业确定劳务完工进度可选用的方法是（　）。

A. 已实现收入占总收入的比例　　B. 已提供劳务占劳务总量的比例
C. 已发生成本占总成本的比例　　D. 已完工工作量占全部工作量的比例

3. 下列各项中，属于外部移送资产需缴纳企业所得税的是（　）。

A. 用于职工奖励或福利
B. 将资产在总机构及其分支机构之间转移
C. 改变资产形状、结构或性能
D. 将资产用于生产、制造、加工另一产品

4. 企业所得税法规定的转让财产收入包括转让（　）取得的收入。

A.无形资产　　　　　　　　　　　　　B.存货

C.股权　　　　　　　　　　　　　　　D.债权

5.下列各项关于企业所得税收入确认时间的表述中，正确的是（　　）。

A.股息、红利等权益性投资收益，按照投资方收到分配金额的日期确认收入的实现

B.利息收入，按照合同约定的债务人应付利息的日期确认收入的实现

C.租金收入，在实际收到租金收入时确认收入的实现

D.接受捐赠收入，在实际收到捐赠资产时确认收入的实现

6.速达电梯公司销售电梯并负责安装，根据合同约定，安装完毕的电梯需经过检验，其企业所得税应税收入的确认时间是（　　）。

A.发出电梯的当天

B.收到款项的当天

C.购买方接受电梯并安装和检验完毕的当天

D.合同规定取得货款的当天

7.下列各项中，不属于企业所得税销售收入确认原则的是（　　）。

A.权责发生制原则　　　　　　　　　　B.实质重于形式原则

C.确定性原则　　　　　　　　　　　　D.相关性原则

8.某银行向A公司提供贷款，本金为10 000万元，年利率为6%，期限为2022年1月1日至2022年12月31日，展期3个月，合同约定到期一次还本付息。截至2022年12月31日，银行应收600万元利息均未收回。关于上述利息，银行在申报企业所得税时正确的处理是（　　）。

A.2022年四个季度各应结转利息收入150万元，年度利息收入600万元

B.2022年应结转四个季度的利息收入600万元，可以同时冲减一季度利息收入150万元，年度利息收入450万元

C.2022年应结转四个季度的利息收入600万元，可以同时冲减一、二季度收入共计300万元，年度利息收入300万元

D.由于尚未到合同约定应付利息日期，也没有实际收到利息，故2022年利息收入为0

9.下列退税应当计入企业所得税收入总额的是（　　）。

A.即征即退的增值税　　　　　　　　　B.先征后退的增值税

C.出口退还的增值税　　　　　　　　　D.出口退还的消费税

10.企业所得税法所称其他收入主要包括（　　）。

A.企业资产溢余收入　　　　　　　　　B.逾期未退包装物押金收入

C.违约金收入　　　　　　　　　　　　D.企业销售材料收入

11.企业从政府及其有关部门取得的下列项目中，应计入收入总额的是（　　）。

A.国家投资　　　　　　　　　　　　　B.使用后要求归还本金的资金

C.先征后退的增值税　　　　　　　　　D.按规定取得的出口退税款

12.某企业2022年有一笔销售锅炉的业务，合同约定：锅炉全部价款600万元，生产过程中购货方预付价款300万元，余款在锅炉检验并正常运行3个月后的10天内一次

性支付；锅炉由供货方生产、安装，购货方和供货方共同检验。关于该笔业务的收入实现时间和金额，下列各项表述中，正确的是（　　）。

A. 在购货方接受锅炉并安装、检验完毕时确认收入600万元

B. 在购货方接受锅炉并安装、检验完毕时确认收入300万元

C. 在供货方发出锅炉时确认收入600万元

D. 在供货方发出锅炉时确认收入300万元

13. 企业采用下列销售方式销售商品的，其确认销售收入的说法中，正确的是（　　）。

A. 采用售后回购方式销售商品的，销售的商品一律按售价确认收入

B. 采用以旧换新方式销售商品的，应当按照销售商品收入确认条件确认收入

C. 商品销售涉及折扣的，应当按照扣除折扣后的金额确定销售商品收入金额

D. 以买一赠一方式销售商品的，赠送的商品应按视同销售确认收入

14.2019年甲企业与乙企业（非关联企业）签订向其转让持有的A公司70%股权的协议；2020年A公司股东大会审议通过，协议生效；2021年完成股权变更手续；2022年乙企业支付股权转让价款。甲企业确认股权转让收入的年度是（　　）。

A.2019年　　B.2020年　　C.2021年　　D.2022年

15. 甲企业将闲置库房出租给乙企业，合同约定租赁时间为2022年8月1日至2023年2月28日，月租金10 000元，共计60 000元（不含税），于2022年9月一次收取，则下列关于甲企业2022年申报企业所得税时确认收入的表述中，符合税法规定的是（　　）。

A. 2022年8月一次性确认租金收入60 000元

B. 2022年9月一次性确认租金收入60 000元

C. 2022年8月起每月确认租金收入10 000元，共计50 000元

D. 2022年9月起每月确认租金收入10 000元，共计40 000元

16. 下列各项关于国债投资业务的企业所得税处理的表述中，正确的是（　　）。

A. 企业到期前转让国债，应在国债转让收入确认时确认利息收入的实现

B. 计算国债利息收入的“国债金额”，就是国债面值或发行价格

C. 企业投资购买国债到期兑付的，只确认国债利息收入，不确认国债转让收入

D. 取得国债的成本不包括取得国债时支付的相关税费

17. 下列各项关于企业所得税收入确认的表述中，不正确的是（　　）。

A. 企业发生的商业折扣应当按扣除商业折扣后的余额确认销售商品收入金额

B. 企业发生的现金折扣应当按扣除现金折扣后的余额确认销售商品收入金额

C. 企业转让股权收入，应于转让协议生效且完成股权变更手续时确认收入的实现

D. 如果交易合同或协议中规定租赁期限跨年度且租金提前一次性支付的，出租人对已确认的收入，可在租赁期内分期均匀计入相关年度收入

18.A公司2022年度取得以下收入：销售商品收入200万元，其他企业使用A公司可循环使用的包装物支付100万元，获得股息收入100万元，其他企业租用A公司的固定资产支付200万元，转让无形资产收入100万元。A公司2022年度取得的租金收入总额

是（ ）万元。

A.100　　B.200　　C.300　　D.400

19.企业所得税法所称企业取得收入的货币形式包括（ ）。

A.现金、存款、应收账款、应收票据

B.不准备持有至到期的债券投资

C.准备持有至到期的债券投资

D.债务的豁免

20.根据企业所得税的相关规定，下列纳税人收入形式中，按照公允价值确认收入金额的是（ ）。

A.债务的豁免　　B.准备持有至到期的债券投资

C.应收票据　　D.不准备持有至到期的债券投资

三、辨析题

1.总额法下与资产相关的政府补助收入符合不征税收入条件，在纳税申报时不作所得税纳税调整，是否会减少当期应纳税所得额？为什么？试举例说明。

2.某公司2020年12月31日，以100万元购入交易性金融资产A。2021年12月31日，公允价值110万元；2022年2月10日出售，售价115万元。

上述业务企业会计处理如下：

2020年12月31日购进交易性金融资产A：

借：交易性金融资产——成本	1 000 000	
贷：银行存款		1 000 000

2021年年底：

借：交易性金融资产——公允价值变动	100 000	
贷：公允价值变动损益		100 000

2022年出售交易性金融资产A：

借：银行存款	1 150 000	
贷：交易性金融资产——成本		1 000 000
——公允价值变动		100 000
投资收益		50 000
借：公允价值变动损益	100 000	
贷：投资收益		100 000

2020—2022年确认所得税的财产转让所得与上述会计核算的投资收益一致吗？应如何进行纳税调整？

四、计算分析题

1.居民企业东方公司以机械制造为主业，属于增值税一般纳税人，按企业会计准则进行会计核算，2022年有关收入情况如下：

（1）产品销售收入3 150万元，其中150万元为综合利用资源生产符合国家产业政策规定产品的收入。

（2）从其他居民企业（非上市公司）取得直接投资的股息收入80万元，计入投资收益；接受现金捐赠100万元，计入营业外收入。

（3）货物运输收入200万元。

（4）6月，承揽安装工程，合同约定的劳务款为30万元，截至2022年年末，已发生工程成本12万元，该工程总成本预计为20万元，公司当年取得工程款项共15万元。

（5）10月，签订合同出租闲置设备，租期3年，年租金13.56万元（含税），设备于2022年10月底交付承租人，租金于年底一次性收取40.68万元，本年账面结转其他业务收入2万元，企业确定在租赁期内均匀确认收入进行纳税申报。

（6）8月，将自制产品用于对外捐赠（公益性），产品成本80万元、公允价值100万元（不含税），企业结转营业外支出93万元。

（7）2021年已作坏账损失处理的20万元应收款项本年又收回6万元，企业作冲减坏账准备处理。

（8）11月，省财政厅核拨环保治理专项款500万元到账（企业专户存储并单独管理使用），同月公司自筹资金178万元，购置环保专项设备共支出678万元，取得增值税专用发票注明增值税78万元，企业本年结转其他收益8.33万元。

（9）12月，转让旧设备（2020年12月购进），原值1 000万元，2021年计提折旧100万元，2021年年底计提减值准备180万元，2022年计提折旧80万元，转让收回银行存款791万元，企业结转资产处置收益60万元。

（10）企业当年取得存款利息收入2万元，冲减财务费用。

要求：确定该居民企业2022年度的应税收入。

2. 依据《财政部 国家税务总局关于非货币性资产投资企业所得税政策问题的通知》（财税〔2014〕116号）的规定：居民企业（以下简称企业）以非货币性资产对外投资确认的非货币性资产转让所得，可在不超过5年期限内，分期均匀计入相应年度的应纳税所得额，按规定计算缴纳企业所得税。

兹有甲、乙两家公司，其之间不具有同一控制的关系。甲公司于2021年3月1日以存货交换的方式从乙公司的股东手中取得乙公司60%的股份。甲公司用于交换的存货的账面价值为1 000万元，公允价值为1 200万元（不含税，税率13%）。乙公司2021年3月1日所有者权益为2 000万元。

当月甲公司账务处理如下：

借：长期股权投资	13 560 000	
贷：主营业务收入		12 000 000
应交税费——应交增值税（销项税额）		1 560 000

同时，结转存货成本：

借：主营业务成本	10 000 000	
贷：存货		10 000 000

2022年12月，甲公司因为需要更多的流动资金，将持有的乙公司股份卖出了10%，取得价款300万元，账务处理如下：

借：银行存款　　　　　　　　　　　　　　　　　　　　3 000 000
　　贷：长期股权投资（13 560 000÷6）　　　　　　　　　2 260 000
　　　　投资收益　　　　　　　　　　　　　　　　　　　740 000

假设甲公司选择5年分期确认应税所得。

要求：依据所给政策，确定甲公司2021年至2025年应如何进行纳税调整。

五、实训题

实训一 《一般企业收入明细表》项目填报技能实训

1.实训目标

熟悉企业所得税年度纳税申报表附表一《一般企业收入明细表》（见表8-1）的基本内容，掌握纳税申报表填制的基本技能。

2.实训要求

根据实训资料填制《一般企业收入明细表》。

3.实训资料

（1）业务资料。

详见本任务的计算分析题1所给东方公司业务资料。

（2）申报资料。

《一般企业收入明细表》见表8-1。

表8-1　　一般企业收入明细表

行次	项目	金额
1	一、营业收入（2+9）	
2	（一）主营业务收入（3+5+6+7+8）	
3	1.销售商品收入	
4	其中：非货币性资产交换收入	
5	2.提供劳务收入	
6	3.建造合同收入	
7	4.让渡资产使用权收入	
8	5.其他	
9	（二）其他业务收入（10+12+13+14+15）	
10	1.销售材料收入	
11	其中：非货币性资产交换收入	
12	2.出租固定资产收入	

续表

行次	项目	金额
13	3.出租无形资产收入	
14	4.出租包装物和商品收入	
15	5.其他	
16	二、营业外收入（17＋18＋19＋20＋21＋22＋23＋24＋25＋26）	
17	（一）非流动资产处置利得	
18	（二）非货币性资产交换利得	
19	（三）债务重组利得	
20	（四）政府补助利得	
21	（五）盘盈利得	
22	（六）捐赠利得	
23	（七）罚没利得	
24	（八）确实无法偿付的应付款项	
25	（九）汇兑收益	
26	（十）其他	

实训二　非货币性资产对外投资所得分期纳税税务处理技能实训

1.实训目标

熟悉企业所得税年度纳税申报表附表《企业重组及递延纳税事项纳税调整明细表》《纳税调整项目明细表》的基本内容，掌握上述纳税申报表中关于非货币性资产对外投资业务会税差异填制的基本技能。

2.实训要求

根据实训资料，填制2021年《企业重组及递延纳税事项纳税调整明细表》《纳税调整项目明细表》。

3.实训资料

（1）业务资料。

详见本任务的计算分析题2所给出的甲公司对外投资业务资料。

（2）申报资料。

《企业重组及递延纳税事项纳税调整明细表》见表8-2，《纳税调整项目明细表》见表8-3。

表8-2 企业重组及递延纳税事项纳税调整明细表（A105100）（部分）

行次	项 目	一般性税务处理			特殊性税务处理（递延纳税）			纳税调整金额
		账载金额	税收金额	纳税调整金额	账载金额	税收金额	纳税调整金额	
		1	2	3（2-1）	4	5	6（5-4）	7（3+6）
12	六、非货币性资产对外投资							
16	合 计 （1+4+6+8+11+12+13+14+15）							

表8-3 纳税调整项目明细表（A105000）（部分）

行次	项 目	账载金额	税收金额	调增金额	调减金额
		1	2	3	4
36	四、特殊事项调整项目（37+38+…+43）				
37	（一）企业重组及递延纳税事项（填写A105100）				

任务三 各项扣除的确定

一、判断题（正确的打“√”，错误的打“×”）

1. 在计算应纳税所得额时，企业财务、会计处理办法与税收法律、行政法规的规定不一致的，应当依照税收法律、行政法规的规定计算。 （ ）

2. 企业所得税法中的亏损和财务会计中的亏损含义是不同的。企业所得税法所称亏损，是指企业将每一纳税年度的收入总额减除不征税收入、免税收入和各项扣除以后小于零的数额。 （ ）

3. 根据企业所得税法的规定，在我国目前的税收体系中，允许税前扣除的税收种类主要有消费税、增值税、资源税和城市维护建设税、教育费附加，以及房产税、车船税、耕地占用税、城镇土地使用税、车辆购置税、印花税等。 （ ）

4. 企业发生的公益救济性捐赠，在应纳税所得额12%以内的部分，准予在计算应纳税所得额时扣除。 （ ）

5. 按照企业所得税法的规定，准予在计算应纳税所得额时扣除的成本必须是生产经营过程中的成本。 （ ）

6. 企业发生的支出应当区分收益性支出和资本性支出。收益性支出在发生当期直接扣除，资本性支出则不得扣除。 （ ）

7. 金融企业的各项存款利息支出和同业拆借利息支出，准予扣除。（　　）

8. 企业发生的职工福利费支出，不超过工资薪金总额14%的部分，准予扣除，工资薪金总额中不包括企业专项工程人员的工资。（　　）

9. 企业支付的美化环境的厂区内绿化费，准予扣除。（　　）

10. 企业在汇总计算缴纳企业所得税时，其境外营业机构的亏损可以抵减境内营业机构的盈利。（　　）

11. 企业以经营租赁方式租入固定资产发生的租赁费支出，按照固定资产使用年限均匀扣除。（　　）

12. 某航空公司为提升公司形象，要求空乘人员工作时统一穿着公司购置的服装。该航空公司为每人配置的服装人均价值1万元，则上述费用不得直接税前扣除。（　　）

13. 企业为在职会计报销的MBA学位的学费，可以按职工教育经费列支办法税前列支。（　　）

14. 某企业副总带领各部门经理赴非洲某国考察市场情况，不得计入职工教育经费，其费用支出也就不得税前扣除。（　　）

15. 某企业委托个人销售其产品，按税法规定比例支付的佣金，无论采用何种支付方式一律准予税前扣除。（　　）

16. 某企业2022年销售产品收入10 000万元，按以往经验，预计将发生产品"三包费"20万元，企业将该笔费用计入销售费用，允许在2022年税前列支。（　　）

17. 实习生实习期间的工资不得计入企业的工资总额作为计算工资附加费的基数。（　　）

18. 企业支付的环境保护税允许税前扣除。（　　）

19. 企业向税务机关申报扣除坏账损失，仅需填报企业所得税年度纳税申报表中的《资产损失税前扣除及纳税调整明细表》，不需报送资产损失相关资料。（　　）

20. 某企业2021年开办期间发生广告费支出50万元，当年没有收入，企业将广告费计入开办费，当年未申报扣除；该企业2022年投产，当年实现销售收入1 000万元，发生广告费支出100万元，企业广告费列支比例为15%，则2022年该企业允许列支的广告费为150万元。（　　）

二、不定项选择题（每题至少有一个正确答案，请将正确答案填在括号内）

1. 某企业2022年销售2020年积压的一批货物（原始成本及计税基础60 000元），售价45 000元（不含税），假设2021年企业已对该批货物计提存货跌价准备10 000元，下列对这批货物计税处理的不同意见中，正确的是（　　）。

A. 按照规定不计算存货成本，不准予在计算应纳税所得额时扣除

B. 按照规定计算存货成本，准予在计算应纳税所得额时扣除其账面净值50 000元

C. 按照规定计算存货成本，准予在计算应纳税所得额时全额扣除60 000元

D. 按照规定计算存货成本，但只允许扣除收回资金的部分45 000元

2. 下列各项中，收入能作为业务招待费、广告费和业务宣传费税前扣除限额计算依据的是（　　）。

A. 让渡特许经营权的收入　　B. 让渡商标所有权的收入

C. 转让固定资产的收入　　D. 接受捐赠的收入

3. 某增值税一般纳税人2022年因管理不善毁损一批库存材料（增值税税率13%），账面成本12 000元（含已抵扣进项税额的运费1 000元），保险公司审理后同意赔付8 000元，该企业已就上述损失进行申报，则企业在所得税前可扣除的损失金额为（　　）元。

A.12 000　　B.5 560　　C.5 520　　D.4 000

4. 下列各项中，不属于企业所得税税前扣除原则的是（　　）。

A. 合理性原则　　B. 相关性原则　　C. 稳健性原则　　D. 确定性原则

5. 下列各项中，可以当期直接或分期间接分摊在所得税前扣除的税金包括（　　）。

A. 购买材料允许抵扣的增值税　　B. 购置小轿车支付的车辆购置税

C. 出口关税　　D. 企业所得税

6. 下列各项中，属于职工福利费范围的是（　　）。

A. 内设职工食堂的设施维修费

B. 内设职工食堂正式员工的工资

C. 内设职工食堂正式员工的社会保险费

D. 企业全体职工的交通补贴

7. 在计算应纳税所得额时，不得扣除的项目是（　　）。

A. 为企业职工子女入托支付给幼儿园的赞助支出

B. 利润分红支出

C. 企业违反销售协议被采购方索取的罚款（违约金）

D. 违反《中华人民共和国食品安全法》被政府处以的罚款

8. 企业向职工发放的供暖费补贴、职工防暑降温费，应作为（　　）处理。

A. 工资薪金支出　　B. 职工福利费

C. 职工工会经费　　D. 职工家庭生活支出

9. 企业为职工缴纳的下列保险费中，不得在税前扣除的是（　　）。

A. 年金　　B. 补充医疗保险费

C. 家庭财产保险费　　D. 特殊工种职工人身安全保险费

10.2022年某企业全年实现主营业务收入5 000万元、其他业务收入100万元，全年发生业务招待费60万元（包括将购买价格为8万元的货物用于交际应酬）。在不考虑增值税的情况下，该企业2022年允许税前扣除的业务招待费是（　　）万元。

A.25.50　　B.25.54　　C.31.20　　D.36

11. 企业为下列用途发生的借款费用，应当费用化的是（　　）。

A. 建造固定资产　　B. 购置无形资产

C. 建造生产周期为18个月的存货　　D. 取得长期股权投资

12. 下列各项关于公益性捐赠税前扣除政策的表述中，正确的是（　　）。

A. 公益性捐赠支出超过年度利润总额12%的部分，准予结转以后5年内在计算应纳税所得额时扣除

B. 企业在对公益性捐赠支出计算扣除时，应先扣除当年发生的捐赠支出，再扣除以前年度结转的捐赠支出

C. 县级以上人民政府及其部门包括乡镇人民政府

D. 救济贫困社会群体和个人的支出属于公益事业的捐赠支出

13.“同期同类贷款利率”是指在条件基本相同的情况下，金融企业提供贷款的利率。这些条件不包括（　　）。

A. 金融机构相同　　B. 贷款期限基本相同

C. 贷款金额基本相同　　D. 贷款担保基本相同

14. 金融企业的下列项目中，作为经过核定的准备金支出允许在税前扣除的是（　　）。

A. 计提的固定资产减值准备　　B. 缴存中央银行的准备金

C. 计提的长期股权投资减值准备　　D. 计提的贷款损失准备

15. 下列各项关于手续费及佣金税前扣除的表述中，正确的是（　　）。

A. 财产保险企业按当年全部保费收入的18%计算手续费及佣金的扣除限额

B. 支付对象必须是具有合法经营资格的中介服务机构或个人

C. 以非转账方式向中介服务机构支付的手续费及佣金不得在税前扣除

D. 购置固定资产期间发生的手续费及佣金支出允许在发生当期直接扣除

16. 企业发生的下列支出中，税法没有规定税前扣除限额的是（　　）。

A. 合理的劳动保护支出

B. 补充养老保险金

C. 统一制作并要求员工工作时统一着装所发生的合理的员工服饰费用

D. 财产保险费

17. 纳税人在生产经营过程中租入固定资产而支付的下列费用，不能直接作为费用扣除的是（　　）。

A. 安装交付使用后产生的借款利息　　B. 经营性租赁方式发生的租赁费

C. 融资性租赁方式发生的租赁费　　D. 承租方支付的手续费

18. 在计算应纳税所得额时，下列各项中，不能从收入总额中扣除的是（　　）。

A. 无形资产研发支出未形成资产的部分

B. 意外事故损失中获得赔偿的部分

C. 各种广告性的赞助支出

D. 税收的滞纳金

19. 下列各项中，计征企业所得税时不允许扣除的项目是（　　）。

A. 以经营租赁方式租入的固定资产发生的改建支出

B. 纳税人按规定缴纳的残疾人就业保障金

C. 固定资产大修理支出

D. 为解决职工子女入学，直接捐赠给某小学的计算机

20. 某会计师事务所2022年在“管理费用”中列支的职工教育经费内容如下：注册会计师继续教育培训费用50万元，职工岗位自学成才奖励费用5万元，部门经理参加

EMBA学习支出45万元，新录用毕业生上岗培训费用15万元。当年合理的工资总额为3 800万元，实现的会计利润为1 000万元，假设没有其他纳税调整事项，则该事务所当年的应纳税所得额为（　　）万元。

A.1 000　　B.1 020　　C.1 040　　D.1 045

三、辨析题

1. 企业将自制产品对外捐赠，应视同销售确认收入与成本，捐赠产品的成本允许作为捐赠支出税前扣除吗？

2. 某企业工程建设期间试运行取得收入56 500元，投入料、工、费共30 000元，企业作如下账务处理：

借：在建工程	30 000	
贷：原材料、应付职工薪酬等		30 000
借：银行存款	56 500	
贷：在建工程		50 000
应交税费——应交增值税（销项税额）		6 500

假设工程在产生收入的当年底完工并交付使用，折旧年限10年，不考虑净残值，企业应如何进行纳税调整？

四、计算分析题

1.承接"任务二　收入总额的确定"的计算分析题第1题，居民企业东方公司2022年有关支出情况如下：

（1）产品销售成本1 380万元，其中综合利用资源生产符合国家产业政策规定产品的收入为150万元，对应的成本为160万元；将自制产品用于公益性捐赠，账面成本80万元。

（2）货物运输支出80万元。

（3）6月，承揽装修工程，合同约定劳务款30万元，截至2022年年底，已发生成本12万元，总成本预计20万元。

（4）10月，签订合同出租闲置设备，设备于2022年10月底交付承租人，账面原值及计税基础均为120万元，企业采用直线法折旧，折旧年限10年，不考虑净残值，本年计提折旧2万元。

（5）非增值税税金及附加95万元。

（6）财务费用48万元，其中支付银行借款利息支出20万元，内部集资款利息30万元（与职工签订借贷协议，款项专用于补充流动资金的不足，借款期限为2022年1月1日至2022年12月31日，年利率8%），银行利率6%，企业当年存款利息收入2万元，冲减财务费用。

（7）年末计提坏账准备20万元，计入"信用减值损失"。

（8）企业全年支付工资220万元，全部计入成本费用。

（9）全年支付福利费40万元，职工教育经费16万元（上年度纳税调整增加2万元），工会经费4.4万元，全部计入当年成本费用。

（10）企业管理费用360万元。其中业务招待费20万元；7月，自主研发的技术专利支出900万元，本月结转管理费用300万元、无形资产600万元；专利保护期10年，企业本年摊销30万元，计入管理费用。

（11）企业销售费用800万元，其中广告费600万元，以前年度尚未扣除的广告费80万元。

（12）营业外支出114万元，其中，非公益性捐赠支出10万元，公益性捐赠支出93万元，交通违规罚款支出1万元，质监罚款支出10万元。

要求：

（1）计算居民企业东方公司2022年会计利润；

（2）计算居民企业东方公司企业所得税纳税申报允许税前扣除项目金额。

2.居民企业A公司（非小型微利企业）2020—2022年度捐赠支出及账面利润情况见表8-4。

表8-4　2020—2022年度捐赠支出及账面利润情况　单位：万元

纳税年度	捐赠方式		捐赠性质		年度利润
	非货币性资产	现金	公益性	非公益性	
2020	93	0	93	0	400
2021		10		10	-50
2022	30.2	30	55.2	5	500

假设：2020年捐赠的非货币性资产账面成本及计税基础均为80万元，不含税公允价值100万元，企业账面结转“营业外支出”93万元；2022年捐赠的非货币性资产账面成本及计税基础均为25万元，不含税公允价值40万元，企业账面结转“营业外支出”30.2万元。

要求：根据上述资料计算2020—2022年度A公司捐赠业务纳税调整额。

五、实训题

实训一　《一般企业成本支出明细表》填报技能实训

1.实训目标

熟悉企业所得税年度纳税申报表附表《一般企业成本支出明细表》的基本内容，掌握纳税申报表填制的基本技能。

2.实训要求

根据实训资料填制《一般企业成本支出明细表》。

3.实训资料

（1）业务资料。

详见本任务的计算分析题1所给东方公司业务资料。

（2）申报资料。

《一般企业成本支出明细表》见表8-5。

表8-5　　　　　　　　　　　　一般企业成本支出明细表

行次	项目	金额
1	一、营业成本（2+9）	
2	（一）主营业务成本（3+5+6+7+8）	
3	1.销售商品成本	
4	其中：非货币性资产交换成本	
5	2.提供劳务成本	
6	3.建造合同成本	
7	4.让渡资产使用权成本	
8	5.其他	
9	（二）其他业务成本（10+12+13+14+15）	
10	1.材料销售成本	
11	其中：非货币性资产交换成本	
12	2.出租固定资产成本	
13	3.出租无形资产成本	
14	4.包装物出租成本	
15	5.其他	
16	二、营业外支出（17+18+19+20+21+22+23+24+25+26）	
17	（一）非流动资产处置损失	
18	（二）非货币性资产交换损失	
19	（三）债务重组损失	
20	（四）非常损失	
21	（五）捐赠支出	
22	（六）赞助支出	
23	（七）罚没支出	
24	（八）坏账损失	
25	（九）无法收回的债券股权投资损失	
26	（十）其他	

实训二　捐赠支出纳税申报技能实训

1.实训目标

熟悉企业所得税纳税申报表附表《捐赠支出及纳税调整明细表》的基本内容，掌握纳税申报表填制的基本技能。

2.实训要求

根据实训资料填制《捐赠支出及纳税调整明细表》。

3.实训资料

（1）业务资料。

详见本任务的计算分析题2所给出的居民企业A公司捐赠支出业务资料。

（2）申报资料。

《捐赠支出及纳税调整明细表》见表8-6、表8-7、表8-8。

表8-6　　　　捐赠支出及纳税调整明细表（A105070）（2020年度）

行次	项目	账载金额	以前年度结转可扣除的捐赠额	按税收规定计算的扣除限额	税收金额	纳税调增金额	纳税调减金额	可结转以后年度扣除的捐赠额
		1	2	3	4	5	6	7
1	一、非公益性捐赠		—	—	—		—	—
2	二、限额扣除的公益性捐赠（3+4+5+6）							
3	第三年度（　　年）	—		—	—	—		—
4	第二年度（　　年）	—		—	—	—		
5	第一年度（　　年）	—		—	—	—		
6	本年（　　年）		—				—	
7	三、全额扣除的公益性捐赠		—	—		—	—	—
8	1.		—	—		—	—	—
9	2.		—	—		—	—	—
10	3.		—	—		—	—	—
11	合计（1＋2＋7）							
附列资料	2015年度至本年发生的公益性扶贫捐赠合计金额		—	—		—	—	—

表8-7　　　　捐赠支出及纳税调整明细表（A105070）（2021年度）

行次	项目	账载金额	以前年度结转可扣除的捐赠额	按税收规定计算的扣除限额	税收金额	纳税调增金额	纳税调减金额	可结转以后年度扣除的捐赠额
		1	2	3	4	5	6	7
1	一、非公益性捐赠		—	—	—		—	—
2	二、限额扣除的公益性捐赠（3+4+5+6）							
3	第三年度（　　年）	—		—	—	—		—
4	第二年度（　　年）	—		—	—	—		
5	第一年度（　　年）	—		—	—	—		
6	本年（　　年）		—			—		
7	三、全额扣除的公益性捐赠		—	—		—	—	—
8	1.		—	—		—	—	—
9	2.		—	—		—	—	—
10	3.		—	—		—	—	—
11	合计（1＋2＋7）							
附列资料	2015年度至本年发生的公益性扶贫捐赠合计金额		—	—		—	—	—

表8-8 捐赠支出及纳税调整明细表（A105070）（2022年度）

行次	项目	账载金额	以前年度结转可扣除的捐赠额	按税收规定计算的扣除限额	税收金额	纳税调增金额	纳税调减金额	可结转以后年度扣除的捐赠额
		1	2	3	4	5	6	7
1	一、非公益性捐赠		—	—	—		—	—
2	二、限额扣除的公益性捐赠（3+4+5+6）							
3	第三年度（ 年）	—		—	—	—		—
4	第二年度（ 年）	—		—	—	—		
5	第一年度（ 年）	—		—	—	—		
6	本年（ 年）		—				—	
7	三、全额扣除的公益性捐赠		—	—		—	—	—
8	1.		—	—		—	—	—
9	2.		—	—		—	—	—
10	3.		—	—		—	—	—
11	合计（1+2+7）							
附列资料	2015年度至本年发生的公益性扶贫捐赠合计金额		—	—		—	—	—

任务四 资产的税务处理

一、判断题（正确的打“√”，错误的打“×”）

1. 某企业改造库房，该库房于2005年购置，原值及计税基础均为100万元。截至2022年，已提折旧75万元，改造支出60万元，改造后价值200万元，预计尚可延长使用10年。该企业可以将改造支出直接列支在2022年的费用中。（ ）

2. 企业对外投资期间，投资资产的成本在计算应纳税所得额时准予扣除。（ ）

3. 企业转让财产，以收入全额减除财产账面净值后的余额计算应纳税所得额。（ ）

4. 按照企业所得税法及其实施条例的规定，企业接受捐赠的无形资产不得计算摊销。（ ）

5. 某马术俱乐部购进一批赛马，计算折旧的最低年限应不少于3年。（ ）

6. 企业计提固定资产减值准备不得税前扣除，要作纳税调整增加，处置该项资产时，应作纳税调整减少。（ ）

7. 企业的存货计价，可以在加权平均法、先进先出法、个别计价法中任选一种，一经选用，绝对不得变更。（　　）

8. 企业因为资金不足从银行借款用于购进材料，属于生产经营周转借款，一律计入当期财务费用，在当期所得税税前扣除。（　　）

9. 企业因大修理停用的固定资产，允许计提折旧税前扣除。（　　）

10. 某煤矿建有一林场，专为井下提供所需坑木，则该林场的林木属于生产性生物资产。（　　）

二、不定项选择题（每题至少有一个正确答案，请将正确答案填在括号内）

1. 下列各项中，法定最低折旧年限为3年的固定资产是（　　）。

A. 建筑物　　B. 生产设备　　C. 家具　　D. 电子设备

2. 下列各项中，计算企业所得税应纳税所得额时，不得直接从当期收入总额中扣除的是（　　）。

A. 纳税人按规定提取的固定资产减值准备

B. 纳税人转让各类固定资产发生的费用

C. 纳税人参加财产保险和运输保险并按照规定缴纳的保险费用

D. 纳税人筹办期间发生的广告宣传费

3. 根据企业所得税法的规定，下列支出中，应作为长期待摊费用的是（　　）。

A. 自行开发无形资产，开发过程中的相关支出

B. 租入固定资产的改建支出

C. 固定资产的大修理支出

D. 已足额提取折旧的固定资产改建支出

4. 税务检查中发现企业固定资产计提折旧年限存在以下问题：2021年12月企业新增的固定资产A机器，原值120万元，税法规定折旧年限10年，企业自行按8年计提折旧；同时，2021年12月企业另外购置固定资产B机器，原值240万元，税法规定折旧年限10年，企业自行按12年计提折旧。假定不考虑残值及加速折旧优惠政策，企业当年实现利润100万元，没有其他纳税调整事项，则2022年企业的应纳税所得额为（　　）万元。

A. -227.92　　B. 100.25　　C. 102.75　　D. 103

5. 某企业固定资产原值1 000万元，截至2022年3月，会计上已提折旧200万元、减值准备100万元，按税法规定应提折旧220万元。该固定资产于2022年3月报废，保险公司理赔财产险500万元，则按税法规定应确认资产损失（　　）万元。

A. 200　　B. 280　　C. 700　　D. 780

6. 根据企业所得税法的规定，下列资产的税务处理中正确的是（　　）。

A. 改建的固定资产，除已足额提取折旧的固定资产和租入的固定资产以外的其他固定资产，以改建过程中发生的改建支出增加计税基础

B. 企业自行开发的无形资产不得计算摊销费用

C. 外购商誉一律不得税前扣除

D. 自创商誉不得计算摊销

7. 某企业2022年将一栋办公楼推倒重置，该办公楼原值1 000万元，已提折旧700万元，重置支出3 000万元，则重置后的办公楼计税成本为（　　）万元。

A.3 000　　B.3 300　　C.3 700　　D.4 000

8. 企业拥有的下列无形资产，允许在生产经营期间摊销扣除的是（　　）。

A. 接受投资取得的商标权

B. 自创的商誉

C. 外购的商誉

D. 已作为研究开发费用在税前扣除的专利技术

9. 某企业2017年年初购进无形资产，价值1 000万元，2022年1月确定该项无形资产已被其他新技术所替代，无使用价值和转让价值，遂计提无形资产减值准备。已知该无形资产按10年期已经摊销500万元，企业计提无形资产减值准备500万元。针对上述处理方法，企业在申报所得税时，正确的处理是（　　）。

A. 2022年纳税调整增加400万元，2023—2026年每年纳税调整减少100万元

B. 2022年纳税调整增加400万元，以后年度不作纳税调整

C. 无须作纳税调整

D. 2022年纳税调整减少400万元，2023—2026年每年纳税调整增加100万元

10. 某工业企业2020年12月购进一台设备，取得增值税专用发票注明金额100万元，税额13万元已申报抵扣增值税进项税额，企业按10年计提固定资产折旧，不考虑净残值。2021年年底进行减值测试，确认该固定资产市价80万元，企业计提固定资产减值准备10万元。2022年6月企业将上述固定资产转让，则转让时允许扣除的该固定资产净值是（　　）万元。

A.75　　B.80　　C.85　　D.99.45

三、辨析题

某工业企业2021年年末开始计提坏账准备，当年“应收账款”账户余额200万元，计提坏账准备10万元。2022年确认发生坏账12万元，企业填报企业所得税年度纳税申报表《资产损失税前扣除及纳税调整明细表》申报扣除12万元，当年收回前期已核销坏账3万元；年末“应收账款”账户余额260万元，企业计提坏账准备13万元。相关账务处理如下：

2021年年末：

借：信用减值损失　　100 000

　　贷：坏账准备　　100 000

2022年发生坏账损失：

借：坏账准备　　120 000

　　贷：应收账款　　120 000

2022年收回已核销坏账：

借：应收账款　　30 000

贷：坏账准备　　30 000

2022年年末计提坏账准备：

借：信用减值损失　　130 000

贷：坏账准备　　130 000

那么，2021年和2022年企业申报企业所得税时，应如何进行纳税调整？

四、计算分析题

承接"任务二　收入总额的确定"和"任务三　各项扣除的确定"的计算分析题1，居民企业东方公司2022年各项资产购置及使用情况如下：

（1）2020年12月，购置生产设备A设备，支出1 000万元，2021年计提折旧100万元（折旧期10年，不考虑净残值），计入生产成本；2021年年末该资产市价720万元，企业计提固定资产减值准备180万元，计入资产减值损失；2022年企业计提固定资产折旧80万元，计入生产成本。2022年年末企业将该生产设备出售，含税售价791万元，企业结转资产处置收益60万元（791-91-（1 000-100-80-180））。

（2）7月，企业自主研发的技术专利获国家知识产权局批准，企业研发并申请该项专利共支出900万元，本月结转管理费用300万元、无形资产600万元；专利保护期10年，企业本年摊销30万元，计入管理费用。

（3）11月，省财政厅核拨环保治理专项款500万元到账，企业配套资金178万元，购置环保设备（符合环境保护专用目录），取得增值税专用发票注明价款600万元，增值税78万元，企业结转固定资产600万元，假设税法及会计折旧年限均为5年，不考虑净残值，本年共计提固定资产折旧10万元，计入管理费用。

要求：根据上述所给资料，结合任务二和任务三的计算分析题所给出的收入、支出情况，确定居民企业东方公司2022年资产项目纳税调整额。

五、实训题

1.实训目标

熟悉企业所得税纳税申报表附表《资产折旧、摊销及纳税调整明细表》的基本内容，掌握其填制的基本技能。

2.实训要求

根据实训资料填制《资产折旧、摊销及纳税调整明细表》（假设企业没有所给资料以外的其他资产）。

3.实训资料

（1）业务资料。

详见本任务的计算分析题所给出的东方公司业务资料。

（2）申报资料。

《资产折旧、摊销及纳税调整明细表》见表8 9。

表8-9 资产折旧、摊销及纳税调整明细表（部分）

行次	项目		账载金额			税收金额					纳税调整金额
			资产原值	本年折旧、摊销额	累计折旧、摊销额	资产计税基础	税收折旧、摊销额	享受加速折旧政策的资产按税收一般规定计算的折旧、摊销额	加速折旧、摊销统计额	累计折旧、摊销额	
			1	2	3	4	5	6	7=5-6	8	9=2-5
1	一、固定资产（2+3+4+5+6+7）							—	—		
2	所有固定资产	（一）房屋、建筑物						—	—		
3		（二）飞机、火车、轮船、机器、机械和其他生产设备						—	—		
4		（三）与生产经营活动有关的器具、工具、家具等						—	—		
5		（四）飞机、火车、轮船以外的运输工具						—	—		
6		（五）电子设备						—	—		
7		（六）其他						—	—		
21	三、无形资产（22+23+24+25+26+27+28+29）							—	—		
22	所有无形资产	（一）专利权						—	—		
23		（二）商标权						—	—		

续表

行次	项目		账载金额			税收金额					纳税调整金额
			资产原值	本年折旧、摊销额	累计折旧、摊销额	资产计税基础	税收折旧、摊销额	享受加速折旧政策的资产按税收一般规定计算的折旧、摊销额	加速折旧、摊销统计额	累计折旧、摊销额	
			1	2	3	4	5	6	7=5−6	8	9=2−5
24	所有无形资产	（三）著作权						—	—		
25		（四）土地使用权						—	—		
26		（五）非专利技术						—	—		
27		（六）特许权使用费						—	—		
28		（七）软件						—	—		
29		（八）其他						—	—		
41	合计（1+18+21+33+39+40）							—	—		
附列资料	全民所有制企业公司制改制资产评估增值政策资产							—	—		

任务五　特别纳税调整

一、判断题（正确的打“√”，错误的打“×”）

1. 企业与其关联方共同开发、受让无形资产发生的成本，在计算应纳税所得额时应当按照独立交易原则进行分摊。（　）

2. 企业所得税法所称独立交易原则，是指没有关联关系的交易各方按照公平成交价格和营业常规进行业务往来遵循的原则。（　）

3. 企业从其关联方接受的债权性投资与权益性投资的比例超过规定标准而发生的利息支出，不得在计算当年应纳税所得额时扣除，可结转以后年度扣除。（　）

4. 企业可以向税务机关提出与其关联方之间业务往来的定价原则和计算方法，税务机关与企业协商、确认后，达成预约定价安排。（　）

5. 企业与其关联方之间的业务往来，不符合独立交易原则，或者企业实施其他不具有合理商业目的安排的，税务机关有权随时进行纳税调整。（　）

二、不定项选择题（每题至少有一个正确答案，请将正确答案填在括号内）

1.A企业销售一批货物给B企业，取得毛利30万元；B企业将该批货物销售给C企业，取得毛利100万元。税务机关经过调查后，认定A企业和B企业之间存在关联交易，应将100万元的利润按照4：6的比例在A企业和B企业之间分配，该调整方法是（　）。

A.利润分割法　　B.再销售价格法

C.交易净利润法　　D.可比非受控价格法

2.某企业投资人对企业净资产拥有所有权的投资额为3 000万元，2022年1月1日按同期金融机构贷款利率从其关联方借款6 800万元，借款期限为1年，发生借款利息408万元，该笔借款适用防止资本弱化的特别纳税调整。该企业在计算企业所得税应纳税所得额时，准予扣除的利息金额为（　）万元。

A.408　　B.360　　C.180　　D.90

3.下列各方形成税法意义上的关联关系的是（　）。

A. A公司拥有B公司25%的股权，B公司拥有C公司25%的股权，则A、B、C公司三方均形成关联方

B. A公司实收资本100万元，向B公司借款49万元，则A、B公司形成关联关系

C. A、B公司的董事会执行董事均由C先生担任

D. A公司是B公司的长期、重要材料供应商，假如向其他公司购买相关的材料，每年可能需要多付一些采购费用，但质量没有什么影响

4.根据企业所得税法的相关规定，下列各项关于关联业务税务处理的表述中，正确的有（　）。

A. 母公司以管理费形式向子公司提取费用，子公司因此支付给母公司的管理费，可以在税前扣除

B. 企业从其关联方接受的债权性投资与权益性投资的比例超过规定标准而发生的利息支出，不得在计算应纳税所得额时扣除

C. 设立在实际税负明显低于12.5%的国家或地区的受控外国企业并非由于合理的经营需要而对利润不作分配或者减少分配的，上述利润中应归属于该居民企业的部分，不计入该居民企业的当期收入

D. 母公司为其子公司提供各种服务而发生的费用，应按照独立企业之间公平交易原则确定服务的价格，作为企业正常的劳务费用进行税务处理

5. 下列各项中，能表明一个企业与另一个企业、公司和其他经济组织（以下统称另一企业）为关联企业的是（　　）。

A. 企业生产经营购进的原材料、零配件等（包括价格及交易条件等）是由另一企业所控制或供应的

B. 企业的生产经营活动必须由另一企业提供特许权利（包括工业产权、专有技术等）才能正常进行

C. 企业生产的产品或商品的销售（包括价格及交易条件等）是由另一企业所控制的

D. 另一企业对该企业生产经营、交易具有实际控制的其他利益上相关联的关系包括家族、亲属关系等

三、辨析题

甲企业（所得税税率15%）拥有乙企业（所得税税率25%）100%的股份。2022年1月1日，乙企业从甲企业借款2 000万元，期限为半年，双方约定按银行同期同类贷款年利率5%结算利息。乙企业所有者权益构成如下：实收资本200万元，资本公积100万元，未分配利润100万元。

请问：

（1）甲企业与乙企业是否构成关联企业？为什么？

（2）如果甲、乙企业关联，该项业务是否一定适用特别纳税调整条款？如适用特别纳税调整条款，乙企业的借款利息支出能在税前扣除的金额是多少？

（3）甲企业收取的利息收入是否应并入应纳税所得额缴纳企业所得税？

（4）假设甲、乙双方约定的年利率为8%，而银行同期同类贷款年利率为5%，如适用特别纳税调整条款，乙企业支付的借款利息应如何进行纳税调整？

任务六 企业所得税应纳税额的计算

一、判断题（正确的打“√”，错误的打“×”）

1. 居民企业来源于中国境外的应税所得已纳税额，可以从其当期应纳税额中抵免，抵免限额为该项所得依照我国企业所得税法规定计算的应纳税额，超过抵免限额的部分，不得抵补。（ ）

2. 总分机构在同一省（自治区、直辖市）范围内，不在同一地市的，一律由总机构统一纳税，不适用汇总纳税企业所得税征收管理办法。（ ）

3. 某企业2012年开业，2022年7—10月进行清算，则2022年该企业应以1—10月为一个纳税年度进行纳税申报。（ ）

4. 非居民企业在中国境内没有设立机构、场所的，其从境内取得的特许权使用费所得，应以不含增值税收入的全额确定为应纳税所得额。（ ）

5. 企业清算后，其全部资产的可变现价值或交易价格减除清算费用后，应首先结清清算所得税及以前年度欠税等税款。（ ）

6. 对申报的计税依据明显偏低的企业，一律采用核定征收办法。（ ）

7. 新设立的二级分支机构，设立当年不就地分摊缴纳企业所得税。（ ）

8. 采用核定征收企业所得税办法的企业经营多种业务的，如果其经营项目能够单独核算，则分别适用不同行业的应税所得率计算应纳税所得额。（ ）

9. 非居民企业在中国境内没有设立机构、场所的，不适用核定征收办法。（ ）

10. 居民企业甲从事餐饮服务，所得税采用核定征收管理办法，应税所得率为12%。2022年企业取得餐饮收入1 500万元，股权转让收入800万元，该股权的计税基础为500万元，则2022年该企业的应纳税所得额为480万元。（ ）

二、不定项选择题（每题至少有一个正确答案，请将正确答案填在括号内）

1. 某企业2015年年初开业，由于经营不善，2022年3月31日停止经营活动。假设该企业2020年度纳税调整后所得为-50万元，2022年1—3月纳税调整后所得为-80万元，4月30日清算完毕，全部资产的计税基础为1 000万元，可变现价值为1 200万元，清偿全部债务100万元（原债务金额100万元），清算过程中发生的相关税费为50万元，清算费用为10万元，则该企业应缴纳清算所得税（ ）。

A.35万元　　B.10万元　　C.2.5万元　　D.0

2. 下列各项中，不适用核定征收办法的是（ ）。

A. 所有享受企业所得税优惠政策的企业

B. 汇总纳税企业

C. 上市公司

D. 经济鉴证类社会中介机构

3. 企业境外所得已在境外实际缴纳的所得税税款，在汇总纳税并依照按规定计算的扣除限额扣除时，如果境外实际缴纳的税款超过扣除限额，对超过的部分处理正确的是（　　）。

A. 列为当年费用支出

B. 从本年度的应纳所得税额中扣除

C. 从以后年度境外所得税额扣除的余额中补扣，补扣期限最长不得超过5年

D. 从以后年度境外所得中扣除

4. 根据税法的相关规定，对企业来源于境外的所得已在境外缴纳的税款，可以在汇总缴纳所得税时，从其应纳税额中扣除。但扣除限额不得超过其境外所得按照我国税法计算的应纳税额，其扣除限额计算可以选择的方法包括（　　）。

A. 分国原则　　B. 分项原则

C. 不分国不分项原则　　D. 分国不分项原则

5. 居民企业适用核定征收办法征收企业所得税的情形有（　　）。

A. 依照法律、行政法规的规定可以不设置账簿的

B. 擅自销毁账簿或者拒不提供纳税资料的

C. 设置账簿，但账目混乱或者成本资料、收入凭证、费用凭证残缺不全，难以查账的

D. 发生纳税义务，未按照规定的期限办理纳税申报的

6. 根据企业所得税法律制度的规定，下列关于企业清算的所得税处理方法中，正确的是（　　）。

A. 企业全部资产均应按可变现价值或交易价格，确认资产转让所得或损失

B. 确认债权清理、债务清偿的所得或损失

C. 依法弥补亏损，确定清算所得，计算并缴纳清算所得税

D. 企业应将整个清算期作为一个独立的纳税年度计算清算所得

7. 下列各项关于跨省市总分机构企业所得税预缴的表述中，正确的是（　　）。

A. 上年度符合条件的小型微利企业的分支机构，需要就地预缴企业所得税

B. 由总机构统一计算企业应纳税所得额和应纳所得税额，并分别由总机构、分支机构按月或按季就地预缴

C. 总机构确认分支机构应分摊所得税税款的比例时，应按上年营业收入、利润及资产总额三个因素计算

D. 总机构应将统一计算的企业当期应纳税额的50%就地办理缴库，所缴纳税款收入由中央与总机构所在地按规定比例共享

8. 境外A公司在中国境内未设立机构、场所，2022年取得境内甲公司投资收益100万元，取得境内乙公司支付的不动产转让收入80万元，该项财产计税基础为80万元，按税法规定应计提的折旧为20万元。2022年度该境外公司在我国应缴纳企业所得税（　　）万元。

A.10　　B.12　　C.20　　D.24

9. 甲企业2022年度境内所得应纳税所得额为200万元，当年已预缴税款50万元，来源于境外A国的按我国税法规定计算的税前所得为100万元，已在境外实际缴纳所得

税税款20万元，该企业当年汇算清缴应补（退）的税款为（　　）万元。

A.79　　B.12　　C.10　　D.5

10.某居民企业主要从事玻璃器皿的制造，从业人数200人、资产总额2 000万元，2022年财务资料如下：收入合计55万元，成本合计30万元，经税务机关核实，企业未能正确核算收入，税务机关对该企业核定征收企业所得税，应税所得率为15%，则2022年该企业应纳企业所得税为（　　）万元（计算结果保留两位小数）。

A.0.13　　B.0.53　　C.1.06　　D.1.32

三、辨析题

某居民企业因经营不善，已严重亏损多年，于2022年6月底被法院宣布破产，实施破产清算。经过清算后，该企业全部资产账面净值（假定与计税基础无差异）为1 500万元，账面全部资产变现收入2 050万元（不含税），应付未偿付的职工工资180万元，拖欠各类税金100万元，尚未偿付的其他各类债务300万元（其中无法偿还的债务50万元），收取各类债权损失80万元，发生清算费用40万元，企业累计未分配利润-600万元（假定税前可弥补亏损100万元），企业资本公积20万元（投资方投资时形成的资本溢价），企业注册资本1 500万元。

请问：

（1）该企业清算时应缴纳的企业所得税是多少？

（2）清算财产应如何进行分配？

（3）该居民企业股东应如何确定投资转让所得、股息所得？

四、计算分析题

1.居民企业甲2022年在境内实现所得800万元，从A国子公司分得生产经营所得300万元，已在A国缴纳所得税税款60万元，实际取得240万元；从B国子公司取得股息、红利所得140万元（税后），B国子公司当年实现利润总额500万元，实际纳税120万元。

假设甲公司按不分国不分项办法计算境外所得抵免税额。

要求：计算甲企业2022年应纳的企业所得税。

2.M公司成立于2010年，总部位于A省，在省内F市、D市设有两个分公司。2022年在B省增设一个分公司。2022年第一季度总机构按照上一纳税年度应纳税所得额平均额确定应纳税所得额为800万元，应纳税额为200万元。M公司的三个分公司营业收入、职工薪酬、资产总额金额见表8-10。

表8-10　　分公司相关数据　　单位：万元

公司名称	营业收入	职工薪酬	资产总额
F市分公司	400	80	1 000
D市分公司	500	80	1 500
B省分公司	100	40	500
合计	1 000	200	3 000

要求：

（1）假设M公司及分支机构适用的所得税税率均为25%，计算2022年第一季度M公司及三个分公司应分摊的企业所得税。

（2）假设总机构2022年度汇算清缴时计算应退企业所得税80万元，计算M公司及三个分公司应分摊的退税额。

3.F企业成立于2003年，实收资本21 000 000元，截至2020年12月31日，企业账面亏损额为12 097 138.59元。根据股东大会决议，企业准备注销，并于2022年10月1日开始清算，2022年12月28日申请注销，期间共发生清算费用58 000元。该企业2022年9月30日的资产负债表（简表）见表8-11。

假设截至2022年10月，F企业清算之前，税法确认的可弥补亏损额合计为10 000 000元，企业资产的计税基础与账面价值一致，除货币资金以外的资产可变现金额见表8-12。

企业应偿还的债务总额见表8-13。

要求：

（1）说明F企业2022年应如何申报企业所得税；

（2）计算F企业2022年清算所得的应纳所得税额。

表8-11　　**资产负债表（简表）**

2022年9月30日

单位：元

资产	期末余额	上年年末余额	负债和所有者权益	期末余额	上年年末余额
货币资金	4 430 518.09	3 142 135.52	应付账款	26 366.29	567 937.75
应收账款	709 823.11	723 418.60	预收款项		387 340.95
其他应收款	412 117.97	353 398.97	应付职工薪酬（工资）	20 234.44	66 306.70
预付款项	16 364.92	88 257.30	应付职工薪酬（福利费）	3 512.99	12 935.00
存货	110 184.47	1 884 227.59	应交税费	1 890.98	−8 772.25
流动资产合计	5 679 008.56	6 191 437.98	其他应付款	350 844.94	594 038.13
固定资产原值	275 407.52	1 586 093.05	应付利息		27 000.00
减：累计折旧	238 366.48	1 052 250.06	流动负债合计	402 849.64	1 646 786.28
固定资产净值	37 041.04	533 842.99	负债合计	402 849.64	1 646 786.28
固定资产合计	37 041.04	533 842.99	实收资本	17 381 936.97	17 381 936.97
无形资产			本年利润	218 516.52	
长期待摊费用	190 114.94	206 303.69	未分配利润	−12 097 138.59	−12 097 138.59
非流动资产合计	227 155.98	740 146.68	所有者权益合计	5 503 314.90	5 284 798.38
资产总计	5 906 164.54	6 931 584.66	负债和所有者权益总计	5 906 164.54	6 931 584.66

表8-12 货币资金以外的资产可变现金额 单位：元

资产项目	账面价值（计税基础）	可变现金额
应收账款	709 823.11	600 000.00
其他应收款	412 117.97	300 000.00
存货	110 184.47	70 000.00
预付账款	16 364.92	
固定资产	37 041.04	20 000.00
长期待摊费用	190 114.94	
合计	1 475 646.45	990 000.00

表8-13 企业应偿还的债务总额 单位：元

负债项目	账面价值（计税基础）	实际偿还
应付账款	26 366.29	16 266.29
预收账款	0	0
应付职工薪酬（工资）	20 234.44	20 234.44
应付职工薪酬（福利费）	3 512.99	0
应交税费	1 890.98	1 890.98
其他应付款	350 844.94	150 844.94
应付利息	0	0
合计	402 849.64	189 236.65

4.D企业是本市从事机械产品制造与销售的大型国有企业，位于某市郊区，1995年被认定为增值税一般纳税人，2022年度有关经营业务如下：

（1）销售机械产品取得不含税收入8 600万元，与之配比的销售成本为5 660万元。

（2）出租自制的机械产品收到租金共226万元，与之相关的成本为150万元。

（3）接受原材料捐赠，取得增值税专用发票，注明材料金额50万元，增值税税额6.5万元。

（4）购买国债，本年应计利息收入30万元。

（5）购进原材料共3 000万元，取得的增值税专用发票上注明的税额为390万元；支付运输费用230万元（不含税），取得的增值税专用发票上注明的税额为20.7万元。

（6）销售费用1 650万元，其中广告费支出取得增值税专用发票，注明金额1 200万元，税额72万元。

（7）管理费用550万元。其中业务招待费90万元；各种办公用品支出120万元，取得增值税专用发票注明税额合计5万元；报销差旅费共计40万元，其中增值税电子普通发票注明的税额2万元，注明旅客身份信息的航空运输电子客票行程单及铁路车票金额共计12万元，住宿服务增值税专用发票注明税额1.2万元。

（8）财务费用80万元，其中包括：

① 向非金融企业借款500万元所支付的年利息40万元（借款期限2022年1月1日至2022年12月31日，当年金融企业同期同类贷款年利率为5.8%），取得增值税专用发票，注明金额37.74万元，税额2.26万元；

② 支付银行借款利息支出40万元，取得增值税普通发票。

（9）计入成本费用的实发工资为540万元；发生工会经费15万元、职工福利费82万元、职工教育经费18万元，全部计入成本费用。

（10）营业外支出300万元，其中通过公益性社会团体向贫困山区捐款150万元。

假设取得的相关票据均通过主管税务机关认证且企业上述业务均按会计准则规定进行了相应的会计处理。

要求：

（1）计算该企业2022年应缴纳的增值税。

（2）计算该企业2022年应缴纳的城市维护建设税和教育费附加、地方教育附加。

（3）计算该企业2022年实现的会计利润。

（4）计算广告费用应调整的应纳税所得额。

（5）计算业务招待费应调整的应纳税所得额。

（6）计算利息支出应调整的应纳税所得额。

（7）计算职工工会经费、职工福利费、职工教育经费应调整的应纳税所得额。

（8）计算公益性捐赠应调整的应纳税所得额。

（9）计算该企业2022年度企业所得税的应纳税所得额。

（10）计算该企业2022年度应缴纳的企业所得税。（计算过程中保留两位小数）

任务七　企业所得税税收优惠

一、判断题（正确的打“√”，错误的打“×”）

1. 企业取得的债券利息收入，一律免征企业所得税。（　）

2. 企业从事蔬菜种植的所得，免征企业所得税。（　）

3. 居民企业取得800万元技术转让所得，免征企业所得税。（　）

4. 企业所得税法规定，企业安置残疾人员所支付的工资符合税法规定条件的，在据实扣除的基础上，按照支付给残疾职工工资的100%加计扣除。（　）

5. 企业综合利用资源生产符合国家产业政策规定的产品所取得的收入，减按90%计入收入总额缴纳企业所得税。（　）

6. 所有行业企业持有的单位价值不超过5 000元的固定资产，允许一次性计入当期成本费用，在计算应纳税所得额时扣除。（　）

7. 实行核定征收的纳税人，一律不得享受企业所得税税收优惠政策。（　）

8. 外国政府向中国企业提供贷款取得的利息所得，免征企业所得税。（　）

9. 企业承包经营、承包建设和内部自建自用国家重点扶持的公共基础设施项目，不得享受“三免三减半”的企业所得税优惠。（　）

10. 企业从事税法规定的符合条件的环境保护、节能节水项目，在减免税期限内转让的，受让方自受让之日起，可以在剩余期限内享受规定的减免税优惠；减免税期限届满后转让的，受让方不得就该项目重复享受减免税优惠。（　）

11. 企业符合加速折旧条件的，可以采取双倍余额递减法或者年数总和法计提固定资产折旧。（　）

12. 企业同时从事适用不同企业所得税优惠项目的，其优惠项目应当单独计算所得，并合理分摊企业的期间费用；没有单独计算的，不得享受企业所得税税收优惠。（　）

13. 企业当年的应纳税所得额、从业人数、资产总额，只要有一项符合条件就可以享受小型微利企业优惠政策。（　）

14. 国家级高新技术开发区内的高新技术企业，才能享受15%的优惠税率。（　）

15. 按照企业所得税法的规定，企业购置用于环境保护、节能节水、安全生产等专用设备的投资额，可以在计算应纳税所得额时加计扣除。（　）

二、不定项选择题（每题至少有一个正确答案，请将正确答案填在括号内）

1. 下列企业所得减半征收企业所得税的是（　）。

A. 油料作物的种植　　B. 糖料作物的种植

C. 麻类作物的种植　　D. 香料作物的种植

2. 企业从事国家重点扶持的公共基础设施项目的投资经营所得，享受第1年至第3年免征企业所得税，第4年至第6年减半征收企业所得税的税收优惠，其开始时间是（　）。

A. 获利年度

B. 投资年度

C. 项目取得第一笔生产经营收入所属纳税年度

D. 办理开业登记年度

3. 某小型企业（符合小型微利企业条件）2022年向其主管税务机关申报收入200万元，成本、费用及销售税金共计196万元。经审核，该企业成本、费用真实，收入无法核准。当地税务机关确定的应税所得率为20%，该小型企业2022年应缴纳的企业所得税为（　）万元。

A. 12.25　　B. 9.8　　C. 4.90　　D. 1.225

4. 符合条件的小型微利企业，减按20%的税率征收企业所得税。在2019年1月1日至2022年12月31日期间，下列关于小型微利企业判断标准的表述中，正确的包括（　　）。

A.年度应纳税所得额不超过300万元

B.从业人数不超过100人

C.从业人数不超过300人

D.资产总额不超过3 000万元

5.根据企业所得税法及其实施条例的规定，符合条件的环境保护、节能节水项目包括（　　）。

A.公共污水处理　　B.公共垃圾处理

C.节能减排技术改造　　D.海水淡化

6.根据企业所得税法的规定，企业的下列收入中不属于免税收入的是（　　）。

A.国债利息收入

B.居民企业之间的股息、红利等权益性投资收益

C.符合条件的非营利组织的收入

D.企业所得税返还

7.企业的下列项目支出可以在计算应纳税所得额时加计扣除的是（　　）。

A.开发新技术、新产品、新工艺发生的研究开发费用

B.安置残疾人员所支付的工资

C.安置国家鼓励安置的其他就业人员所支付的工资

D.软件生产企业的职工培训费用

8.企业在2018年1月1日至2023年12月31日期间新购进的设备、器具，允许一次性计入当期成本费用在计算应纳税所得额时扣除，不再分年度计算折旧，但其单位价值不得超过（　　）。

A.5 000元　　B.100万元　　C.500万元　　D.50万元

9.根据企业所得税法的规定，下列项目中可以享受税额抵免政策的是（　　）。

A.企业综合利用资源生产符合国家产业政策规定的产品取得的收入

B.创业投资企业从事国家需重点扶持和鼓励的创业投资的投资额

C.企业购置用于环境保护的专用设备的投资额

D.安置残疾人员及国家鼓励安置的其他就业人员所支付的工资

10.创业投资企业采取股权投资方式，投资于未上市的中小高新技术企业2年以上的，可按其投资额的一定比例抵扣该创业投资企业的企业所得税应纳税所得额，这一比例是（　　）。

A.50%　　B.60%　　C.70%　　D.80%

11.下列说法中不符合小型微利企业所得税相关政策规定的是（　　）。

A.税法规定符合条件的小型微利企业，减按20%的税率征收企业所得税

B.享受小型微利企业税收优惠的企业，可以是我国的居民企业或非居民企业

C.享受小型微利企业税收优惠的企业，有从业人员和资产总额的限制

D.2022年，享受小型微利企业税收优惠的企业，年度应纳税所得额不得超过300万元

12.2022年，一般企业为开发新技术、新产品、新工艺发生的研究开发费用，未形成无形资产计入当期损益的，在按照规定税前据实扣除的基础上，按照研究开发费用的（　　）加计扣除。

A.50%　　B.70%　　C.75%　　D.100%

13.企业开展研发活动实际发生的研发费用，未形成无形资产计入当期损益的，在按规定据实扣除的基础上，自2022年1月1日起，再按照实际发生额的100%在税前加计扣除；形成无形资产的，在上述期间按照无形资产成本的200%在税前摊销。该优惠政策适用于（　　）。

A.科技型中小企业　　B.所有高新技术企业

C.技术先进型服务企业　　D.所有企业

14.根据企业所得税法的规定，企业从事下列项目的所得可免征企业所得税的是（　　）。

A. 农作物新品种的选育

B. 农产品初加工、农机推广、农机作业和维修及销售

C. 养鸡、养鸭、养兔、养鱼

D. 中药材的种植

15.某软件开发公司被认定为重点扶持的高新技术企业，2021年经税务机关核定的亏损额为30万元，2022年度取得生产经营收入600万元，实际发生业务招待费6万元，其他应扣除的成本、费用、税金等合计300万元（其中研发费用60万元），企业没有其他纳税调整项目。下列说法中正确的是（　　）。

A. 该企业可以扣除的业务招待费是3万元

B. 该企业2022年适用20%的优惠税率

C. 2021年的亏损不得用2022年的所得弥补

D. 应纳所得税额是42.6万元

三、辨析题

某工业制造业2021年新技术研发支出共1 600万元，7月1日将其资本化的部分900万元计入无形资产成本，按10年期限摊销，当年摊销额45万元计入“管理费用”，2022年6月转让上述无形资产，转让定价2 500万元（增值税免税）。上述业务2022年可以享受的税收优惠政策有哪些？资产转让所得应如何计算申报所得税？

四、计算分析题

1.承接“任务二　收入总额的确定”和“任务三　各项扣除的确定”的计算分析题1，居民企业东方公司2022年有关收入涉及税收优惠情况如下：

（1）产品销售收入3 150万元，其中150万元为综合利用资源生产符合国家产业政策规定产品的收入。

（2）从其他居民企业（非上市公司）取得直接投资的股息收入80万元，计入投资收益。

（3）11月，省财政厅核拨环保治理专项款500万元到账（企业专户存储并单独管理使用），同月公司自筹资金178万元，购置环保专项设备支出678万元，取得增值税专用发票注明增值税78万元，企业本年结转营业外收入8.33万元。

（4）产品销售成本1 680万元，其中综合利用资源生产符合国家产业政策规定产品的收入为150万元，对应的成本为160万元。

（5）7月，企业研发并申请技术专利共支出900万元，本月结转管理费用300万元、无形资产600万元；专利保护期10年，企业本年摊销30万元，计入管理费用。

要求：确定企业2022年可以享受的税收优惠政策，并计算纳税调整减少额。

2.甲公司为居民企业，主要从事建筑安装服务业务，兼有建筑材料销售业务；从业人数160人；资产总额4 000万元。主管税务机关经鉴定对其2022年企业所得税实行按收入总额核定征收。2022年该公司提供建筑劳务收入500万元，销售建筑预制构件收入20万元，转让一台施工机械取得收入50万元（不含税），从乙公司（非上市公司）分得利润10万元，取得银行存款利息0.5万元（企业直接冲减财务费用），取得财政部发行的国库券的利息0.6万元，对外租赁施工机械取得租赁收入0.8万元、税额0.072万元，取得外单位专利权使用费1万元，接受有关单位捐款2万元，取得财政部门贷款贴息5万元（符合不征税收入的条件），取得财政部门先征后返的增值税3万元（支出未单独核算）。假定甲企业当年应税所得率为12%，第一季度至第四季度已预缴企业所得税1万元。

要求：计算甲企业2022年汇算清缴应缴纳的企业所得税。

五、实训题

1.实训目标

熟悉企业所得税纳税申报表附表《研发费用加计扣除优惠明细表》《免税、减计收入及加计扣除优惠明细表》的基本内容，掌握其填制的基本技能。

2.实训要求

根据实训资料填制《研发费用加计扣除优惠明细表》《免税、减计收入及加计扣除优惠明细表》。

3.实训资料

（1）业务资料。

详见“任务四　资产的税务处理”和“任务七　企业所得税税收优惠”的计算分析题1所给东方公司业务资料。

（2）申报资料。

①《研发费用加计扣除优惠明细表》见表8-14。

表8-14 研发费用加计扣除优惠明细表（部分）

行次	项目	金额（数量）
40	三、年度研发费用小计（2+36×80%+38）	
41	（一）本年费用化金额	
42	（二）本年资本化金额	
43	四、本年形成无形资产摊销额	
44	五、以前年度形成无形资产本年摊销额	
45	六、允许扣除的研发费用合计（41+43+44）	
46	减：特殊收入部分	
47	七、允许扣除的研发费用抵减特殊收入后的金额（45-46）	
48	减：当年销售研发活动直接形成产品（包括组成部分）对应的材料部分	
49	减：以前年度销售研发活动直接形成产品（包括组成部分）对应材料部分结转金额	
50	八、加计扣除比例（%）	
51	九、本年研发费用加计扣除总额（47-48-49）×50	
52	十、销售研发活动直接形成产品（包括组成部分）对应材料部分结转以后年度扣减金额（当47-48-49≥0，本行=0；当47-48-49<0，本行=47-48-49的绝对值）	

②《免税、减计收入及加计扣除优惠明细表》见表8 15。

表8-15 免税、减计收入及加计扣除优惠明细表

行次	项目	金额
1	一、免税收入（2+3+9+…+16）	
2	（一）国债利息收入免征企业所得税	
3	（二）符合条件的居民企业之间的股息、红利等权益性投资收益免征企业所得税（4+5+6+7+8）	
4	1.一般股息红利等权益性投资收益免征企业所得税（填写A107011）	
5	2.内地居民企业通过沪港通投资且连续持有H股满12个月取得的股息、红利所得免征企业所得税（填写A107011）	
6	3.内地居民企业通过深港通投资且连续持有H股满12个月取得的股息、红利所得免征企业所得税（填写A107011）	
7	4.居民企业持有创新企业CDR取得的股息红利所得免征企业所得税（填写A107011）	
8	5.符合条件的永续债利息收入免征企业所得税（填写A107011）	
9	（三）符合条件的非营利组织的收入免征企业所得税	

续表

行次	项目	金额
10	（四）中国清洁发展机制基金取得的收入免征企业所得税	
11	（五）投资者从证券投资基金分配中取得的收入免征企业所得税	
12	（六）取得的地方政府债券利息收入免征企业所得税	
13	（七）中国保险保障基金有限责任公司取得的保险保障基金等收入免征企业所得税	
14	（八）中国奥委会取得北京冬奥组委支付的收入免征企业所得税	
15	（九）中国残奥委会取得北京冬奥组委分期支付的收入免征企业所得税	
16	（十）其他	
17	二、减计收入（18 + 19 + 23 + 24）	
18	（一）综合利用资源生产产品取得的收入在计算应纳税所得额时减计收入	
19	（二）金融、保险等机构取得的涉农利息、保费减计收入（20 + 21 + 22）	
20	1. 金融机构取得的涉农贷款利息收入在计算应纳税所得额时减计收入	
21	2. 保险机构取得的涉农保费收入在计算应纳税所得额时减计收入	
22	3. 小额贷款公司取得的农户小额贷款利息收入在计算应纳税所得额时减计收入	
23	（三）取得铁路债券利息收入减半征收企业所得税	
24	（四）其他（24.1 + 24.2）	
24.1	1. 取得的社区家庭服务收入在计算应纳税所得额时减计收入	
24.2	2. 其他	
25	三、加计扣除（26 + 27 + 28 + 29 + 30）	
26	（一）开发新技术、新产品、新工艺发生的研究开发费用加计扣除（填写 A107012）	
27	（二）科技型中小企业开发新技术、新产品、新工艺发生的研究开发费用加计扣除（填写 A107012）	
28	（三）企业为获得创新性、创意性、突破性的产品进行创意设计活动而发生的相关费用加计扣除（加计扣除比例____%）	
29	（四）安置残疾人员所支付的工资加计扣除	
30	（五）其他	
31	合计（1 + 17 + 25）	

任务八　企业所得税征收管理与纳税申报

一、判断题（正确的打“√”，错误的打“×”）

1. 居民企业在中国境内设立不具有法人资格的营业机构，均应当就地缴纳企业所得税。（　）

2. 企业在纳税年度内无论盈利还是亏损，都应当向税务机关报送预缴企业所得税纳税申报表、年度企业所得税纳税申报表、财务会计报告和税务机关规定应当报送的其他有关资料。（　）

3. 企业所得税分月或分季预缴，年终汇算清缴。企业应当自月份或季度终了后15日内，向税务机关报送预缴企业所得税纳税申报表，预缴税款；年度终了后5个月内，向税务机关报送年度企业所得税纳税申报表，并汇算清缴，结清应缴应退税款。（　）

4. 企业按照实际利润额预缴有困难的，可以按照上一纳税年度应纳税所得额的1/12或1/4，或税务机关认可的其他方法，分期预缴税款。预缴方法一经确定，一律不得变更。（　）

5. 纳税人实行核定应纳所得税额方式的，年度终了后，在规定的时限内按照实际经营额或实际应纳税额向税务机关申报纳税。不论申报额超过或低于核定经营额或应纳税额，一律按核定经营额或应纳税额缴纳税款。（　）

二、不定项选择题（每题至少有一个正确答案，请将正确答案填在括号内）

1. 下列各项表述中，正确的是（　）。

A. 铁路运输、国有邮政等缴纳所得税未纳入中央和地方分享范围的企业，不适用汇总纳税办法

B. 上一年度认定为小型微利企业的，其分支机构不就地预缴企业所得税

C. 新设立的分支机构，自设立当年起就地预缴企业所得税

D. 企业在中国境外设立的不具有法人资格的营业机构，不就地预缴企业所得税

2. 下列各项关于企业所得税纳税申报的表述中，不正确的是（　）。

A. 企业所得税应分月或分季预缴

B. 企业清算时，应当以清算期间作为一个纳税年度

C. 企业在年度中间终止经营活动的，应当自实际经营终止之日起45日内，向税务机关办理当期企业所得税汇算清缴

D. 企业在一个纳税年度中间开业或者终止经营活动，使该纳税年度的实际经营期不足12个月的，应当以实际经营期为一个纳税年度

3. 我国企业所得税的征收方法是（　）。

A. 按月计征，按月预缴

B. 按季计征，按月预缴

C. 按年计征，按月或按季预缴

D. 按年计征，按月或按季预缴，年终汇算清缴

4. 下列各项关于企业所得税纳税地点的表述中，正确的是（　　）。

A. 居民企业一般在实际经营管理地纳税

B. 居民企业一般在登记注册地纳税

C. 非居民企业在中国境内设立机构、场所的，以机构、场所所在地为纳税地点

D. 在中国境内未设立机构、场所的，或者虽设立机构、场所但取得的所得与其所设机构、场所没有实际联系的非居民企业，以扣缴义务人所在地为纳税地点

5. 下列各项关于企业所得税征收管理规定的表述中，正确的是（　　）。

A. 企业发生亏损的，不需要报送企业所得税纳税申报表

B. 居民企业在中国境内设立不具有法人资格的营业机构的，应当汇总计算并缴纳企业所得税

C. 非居民企业在中国境内设立两个或者两个以上机构、场所的，经税务机关审核批准，可以选择由其主要机构、场所汇总缴纳企业所得税

D. 除国务院另有规定外，企业之间不得合并缴纳企业所得税

三、计算分析题

根据“任务二　收入总额的确定”、“任务三　各项扣除的确定”、“任务四　资产的税务处理”和“任务七　企业所得税税收优惠”的计算分析题第1题所给居民企业东方公司业务资料，东方公司2022年有关收入、支出情况如下：

（1）收入情况。

营业收入3 370万元，其中资源综合利用收入150万元。

营业外收入及资产处置收益共168.33万元，其中政府财政补贴的500万元本年结转8.33万元。

对外投资分得利润80万元。

对外捐赠自制产品公允价值100万元。

收回坏账6万元。

（2）成本费用支出情况。

营业成本1 474万元，其中资源综合利用成本160万元。

对外捐赠自制产品成本80万元。

营业外支出114万元，其中公益性捐赠93万元、非公益性捐赠10万元、违反行政法规罚款11万元。

税金及附加95万元。

财务费用48万元，其中内部集资利息支出30万元（利率8%、期限1年；银行利率6%）。

管理费用360万元，其中业务招待费20万元；新技术研发费用900万元，本月结转7—12月管理费用300万元；无形资产600万元，企业本年摊销30万元。

销售费用800万元，其中广告费600万元，以前年度尚未扣除广告费80万元。

计提坏账准备20万元。

计入成本费用的工资总额220万元，职工福利费40万元，职工教育经费16万元（上年度纳税调整增加2万元），工会经费4.4万元。

（3）资产处置情况。

① 销售设备一台，原值1 000万元，使用满2年后出售，已计提折旧180万元、减值准备180万元，取得收入700万元（不含税），结转资产处置收益60万元。

② 7月，自主研发专利技术达到预计可使用状态，结转无形资产600万元，按10年摊销，本年摊销30万元，计入管理费用。

③ 11月，以财政专项拨款500万元、自有资金178万元（含增值税78万元）购置环保设备一台，本年计提折旧10万元（折旧年限5年，不考虑净残值）。

要求：

（1）分析确定东方公司2022年申报企业所得税纳税调整金额，并将结果填入表8-16。

（2）计算东方公司2022年应缴纳的企业所得税。

表8-16　　　　纳税调整项目及金额汇总表

项目属性	项目内容	调增金额	调减金额
收入	资源综合利用减计收入		
	不征税收入		
	权益性投资收益		
	对外捐赠视同销售		
	资产处置收益		
	收回坏账		
小计			
扣除项目金额	超限额公益性捐赠支出		
	非公益性捐赠支出		
	违反行政法规罚款		
	超过金融机构同期同类贷款利率		
	业务招待费超支		
	新技术研发费		
	计提坏账准备		
	福利费超标准列支		
	职工教育经费结转扣除		
	固定资产折旧		
	不征收收入形成的支出		
	对外捐赠视同销售		
	超标准广告宣传费		
小计			
合计			

四、实训题

实训一　预缴所得税纳税申报技能实训

1.实训目标

熟悉《中华人民共和国企业所得税月（季）度预缴纳税申报表（A类）》的基本内容，掌握纳税申报表填制的基本技能。

2.实训要求

根据实训资料填制《中华人民共和国企业所得税月（季）度预缴纳税申报表（A类）》。

3.实训资料

（1）业务资料。

详见“任务六　企业所得税应纳税额的计算”的计算分析题2所给M公司业务资料，纳税申报主体为M公司，纳税申报日期为2022年4月6日。

（2）申报资料。

《中华人民共和国企业所得税月（季）度预缴纳税申报表（A类）》见表8-17。

表8-17　　中华人民共和国企业所得税月（季）度预缴纳税申报表（A类）

税款所属期间：　　年　月　日至　　年　月　日

纳税人识别号（统一社会信用代码）：□□□□□□□□□□□□□□□□□□□□

纳税人名称：　　　　　　　　　　　　　　　　金额单位：人民币元（列至角分）

优惠及附报事项有关信息									
项目	一季度		二季度		三季度		四季度		季度平均值
	季初	季末	季初	季末	季初	季末	季初	季末	
从业人数									
资产总额（万元）									
国家限制或禁止行业	□是　□否				小型微利企业				□是　□否
	附报事项名称								金额或选项
事项1	（填写特定事项名称）								
事项2	（填写特定事项名称）								

	预缴税款计算	本年累计
1	营业收入	
2	营业成本	
3	利润总额	
4	加：特定业务计算的应纳税所得额	
5	减：不征税收入	

续表

<table>
<tr><th></th><th colspan="3">预缴税款计算</th><th>本年累计</th></tr>
<tr><td>6</td><td colspan="3">减：资产加速折旧、摊销（扣除）调减额（填写 A201020）</td><td></td></tr>
<tr><td>7</td><td colspan="3">减：免税收入、减计收入、加计扣除（7.1 + 7.2 + …）</td><td></td></tr>
<tr><td>7.1</td><td colspan="3">居民企业之间的股息、红利等权益性投资收益</td><td></td></tr>
<tr><td>7.2</td><td colspan="3">（填写优惠事项名称）</td><td></td></tr>
<tr><td>8</td><td colspan="3">减：所得减免（8.1 + 8.2 + …）</td><td></td></tr>
<tr><td>8.1</td><td colspan="3">（填写优惠事项名称）</td><td></td></tr>
<tr><td>8.2</td><td colspan="3">（填写优惠事项名称）</td><td></td></tr>
<tr><td>9</td><td colspan="3">减：弥补以前年度亏损</td><td></td></tr>
<tr><td>10</td><td colspan="3">实际利润额（3 + 4−5−6−7−8−9）\ 按照上一纳税年度应纳税所得额平均额确定的应纳税所得额</td><td></td></tr>
<tr><td>11</td><td colspan="3">税率（25%）</td><td></td></tr>
<tr><td>12</td><td colspan="3">应纳所得税额（10×11）</td><td></td></tr>
<tr><td>13</td><td colspan="3">减：减免所得税额（13.1 + 13.2 + …）</td><td></td></tr>
<tr><td>13.1</td><td colspan="3">（填写优惠事项名称）</td><td></td></tr>
<tr><td>13.2</td><td colspan="3">（填写优惠事项名称）</td><td></td></tr>
<tr><td>14</td><td colspan="3">减：本年实际已缴纳所得税额</td><td></td></tr>
<tr><td>15</td><td colspan="3">减：特定业务预缴（征）所得税额</td><td></td></tr>
<tr><td>16</td><td colspan="3">本期应补（退）所得税额（12−13−14−15）\ 税务机关确定的本期应纳所得税额</td><td></td></tr>
<tr><td colspan="5">汇总纳税企业总分机构税款计算</td></tr>
<tr><td>17</td><td rowspan="4">总机构</td><td colspan="2">总机构本期分摊应补（退）所得税额（18 + 19 + 20）</td><td></td></tr>
<tr><td>18</td><td colspan="2">其中：总机构分摊应补（退）所得税额（16×总机构分摊比例__%）</td><td></td></tr>
<tr><td>19</td><td colspan="2">财政集中分配应补（退）所得税额（16×财政集中分配比例__%）</td><td></td></tr>
<tr><td>20</td><td colspan="2">总机构具有主体生产经营职能的部门分摊所得税额（16×全部分支机构分摊比例__%×总机构具有主体生产经营职能部门分摊比例__%）</td><td></td></tr>
<tr><td>21</td><td rowspan="2">分支机构</td><td colspan="2">分支机构本期分摊比例</td><td></td></tr>
<tr><td>22</td><td colspan="2">分支机构本期分摊应补（退）所得税额</td><td></td></tr>
<tr><td colspan="5">实际缴纳企业所得税计算</td></tr>
<tr><td>23</td><td colspan="2">减：民族自治地区企业所得税地方分享部分：□ 免征 □ 减征：减征幅度_%）</td><td>本年累计应减免金额［（12−13−15）×40%×减征幅度］</td><td></td></tr>
</table>

续表

	预缴税款计算	本年累计
24	实际应补（退）所得税额	

谨声明：本纳税申报表是根据国家税收法律法规及相关规定填报的，是真实的、可靠的、完整的。 纳税人（签章）： 年 月 日	
经办人： 经办人身份证号： 代理机构签章： 代理机构统一社会信用代码：	受理人： 受理税务机关（章）： 受理日期： 年 月 日

实训二 所得税汇算清缴纳税申报实训

1.实训目标

熟悉企业所得税纳税申报表附表《纳税调整项目明细表》及《中华人民共和国企业所得税年度纳税申报表（A类）》的基本内容，掌握纳税申报表填制的基本技能。

2.实训要求

根据实训资料填制《纳税调整项目明细表》及《中华人民共和国企业所得税年度纳税申报表（A类）》。

3.实训资料

（1）业务资料。

详见“任务八 企业所得税征收管理与纳税申报”的计算分析题所给出的东方公司业务资料，纳税申报时间为2023年4月12日，假设企业2022年已经预缴了企业所得税70.5825万元。

（2）申报资料。

《纳税调整项目明细表》见表8-18，《中华人民共和国企业所得税年度纳税申报表（A类）》见表8-19。

表8-18 纳税调整项目明细表

行次	项目	账载金额	税收金额	调增金额	调减金额
		1	2	3	4
1	一、收入类调整项目（2＋3＋…＋8＋10＋11）	—	—		
2	（一）视同销售收入（填写A105010）	—			—
3	（二）未按权责发生制原则确认的收入（填写A105020）				
4	（三）投资收益（填写A105030）				
5	（四）按权益法核算长期股权投资对初始投资成本调整确认收益	—	—	—	
6	（五）交易性金融资产初始投资调整	—	—		—

续表

行次	项目	账载金额	税收金额	调增金额	调减金额
		1	2	3	4
7	（六）公允价值变动净损益		—		
8	（七）不征税收入	—	—		
9	其中：专项用途财政性资金（填写A105040）	—	—		
10	（八）销售折扣、折让和退回				
11	（九）其他				
12	二、扣除类调整项目（13 + 14 + … + 24 + 26 + 27 + 28 + 29 + 30）	—	—		
13	（一）视同销售成本（填写A105010）	—		—	
14	（二）职工薪酬（填写A105050）				
15	（三）业务招待费支出				—
16	（四）广告费和业务宣传费支出（填写A105060）	—	—		
17	（五）捐赠支出（填写A105070）				
18	（六）利息支出				
19	（七）罚金、罚款和被没收财物的损失		—		—
20	（八）税收滞纳金、加收利息		—		—
21	（九）赞助支出		—		—
22	（十）与未实现融资收益相关在当期确认的财务费用				
23	（十一）佣金和手续费支出（保险企业填写A105060）				
24	（十二）不征税收入用于支出所形成的费用	—	—		—
25	其中：专项用途财政性资金用于支出所形成的费用（填写A105040）	—	—		—
26	（十三）跨期扣除项目				
27	（十四）与取得收入无关的支出		—		—
28	（十五）境外所得分摊的共同支出	—	—		—
29	（十六）党组织工作经费				
30	（十七）其他				
31	三、资产类调整项目（32 + 33 + 34 + 35）	—	—		
32	（一）资产折旧、摊销（填写A105080）				

续表

行次	项目	账载金额	税收金额	调增金额	调减金额
		1	2	3	4
33	（二）资产减值准备金		—		
34	（三）资产损失（填写A105090）				
35	（四）其他				
36	四、特殊事项调整项目（37 + 38 + … + 43）	—	—		
37	（一）企业重组及递延纳税事项（填写A105100）				
38	（二）政策性搬迁（填写A105110）	—	—		
39	（三）特殊行业准备金（39.1 + 39.2 + 39.4 + 39.5 + 39.6 + 39.7）				
39.1	1.保险公司保险保障基金				
39.2	2.保险公司准备金				
39.3	其中：已发生未报案未决赔款准备金				
39.4	3.证券行业准备金				
39.5	4.期货行业准备金				
39.6	5.中小企业融资（信用）担保机构准备金				
39.7	6.金融企业、小额贷款公司准备金（填写 A105120）	—	—		
40	（四）房地产开发企业特定业务计算的纳税调整额（填写A105010）	—			
41	（五）合伙企业法人合伙人应分得的应纳税所得额				
42	（六）发行永续债利息支出				
43	（七）其他	—	—		
44	五、特别纳税调整应税所得	—	—		
45	六、其他	—	—		
46	合计（1 + 12 + 31 + 36 + 44 + 45）	—	—		

表8-19　　中华人民共和国企业所得税年度纳税申报表（A类）

金额单位：人民币元（列至角分）

行次	类别	项目	金额
1	利润总额计算	一、营业收入（填写A101010\101020\103000）	
2		减：营业成本（填写A102010\102020\103000）	
3		减：税金及附加	
4		减：销售费用（填写A104000）	
5		减：管理费用（填写A104000）	
6		减：财务费用（填写A104000）	
7		减：资产减值损失	
8		加：公允价值变动收益	
9		加：投资收益	
10		二、营业利润（1-2-3-4-5-6-7＋8＋9）	
11		加：营业外收入（填写A101010\101020\103000）	
12		减：营业外支出（填写A102010\102020\103000）	
13		三、利润总额（10＋11-12）	
14	应纳税所得额计算	减：境外所得（填写A108010）	
15		加：纳税调整增加额（填写A105000）	
16		减：纳税调整减少额（填写A105000）	
17		减：免税、减计收入及加计扣除（填写A107010）	
18		加：境外应税所得抵减境内亏损（填写A108000）	
19		四、纳税调整后所得（13-14＋15-16-17＋18）	
20		减：所得减免（填写A107020）	
21		减：弥补以前年度亏损（填写A106000）	
22		减：抵扣应纳税所得额（填写A107030）	
23		五、应纳税所得额（19-20-21-22）	
24	应纳税额计算	税率（25%）	
25		六、应纳所得税额（23×24）	
26		减：减免所得税额（填写A107040）	
27		减：抵免所得税额（填写A107050）	
28		七、应纳税额（25-26-27）	
29		加：境外所得应纳所得税额（填写A108000）	
30		减：境外所得抵免所得税额（填写A108000）	
31		八、实际应纳所得税额（28＋29-30）	
32		减：本年累计实际已缴纳的所得税额	
33		九、本年应补（退）所得税额（31-32）	
34		其中：总机构分摊本年应补（退）所得税额（填写A109000）	
35		财政集中分配本年应补（退）所得税额（填写A109000）	
36		总机构主体生产经营部门分摊本年应补（退）所得税额（填写A109000）	
37	实际应纳税额计算	减：民族自治地区企业所得税地方分享部分：（□ 免征 □ 减征：减征幅度___%）	
38		十、本年实际应补（退）所得税额（33-37）	

实训三　核定征收纳税人纳税申报技能实训

1.实训目标

熟悉《中华人民共和国企业所得税月（季）度预缴和年度纳税申报表（B类）》的基本内容，掌握纳税申报表填制的基本技能。

2.实训要求

根据实训资料填制《中华人民共和国企业所得税月（季）度预缴和年度纳税申报表（B类）》。

3.实训资料

（1）业务资料。

详见“任务六　企业所得税应纳税额的计算”的计算分析题2所给甲企业业务资料，设定甲企业已缴纳企业所得税1万元。

（2）实训资料。

《中华人民共和国企业所得税月（季）度预缴和年度纳税申报表（B类）》见表8-20。

表8-20　　中华人民共和国企业所得税月（季）度预缴和年度纳税申报表（B类）

税款所属期间：　　年　月　日至　　年　月　日

纳税人识别号（统一社会信用代码）：□□□□□□□□□□□□□□□□□□□□

纳税人名称：　　　　　　　　　　　　　　　　金额单位：人民币元（列至角分）

<table>
<tr><td colspan="2">核定征收方式</td><td colspan="9">□核定应税所得率（能核算收入总额的）　☑核定应税所得率（能核算成本费用总额的）□核定应纳所得税额</td></tr>
<tr><td colspan="11">按 季 度 填 报 信 息</td></tr>
<tr><td colspan="2" rowspan="2">项　目</td><td colspan="2">一季度</td><td colspan="2">二季度</td><td colspan="2">三季度</td><td colspan="2">四季度</td><td rowspan="2">季度平均值</td></tr>
<tr><td>季初</td><td>季末</td><td>季初</td><td>季末</td><td>季初</td><td>季末</td><td>季初</td><td>季末</td></tr>
<tr><td colspan="2">从业人数</td><td>（略）</td><td>（略）</td><td>（略）</td><td>（略）</td><td>（略）</td><td>（略）</td><td>（略）</td><td>（略）</td><td>（略）</td></tr>
<tr><td colspan="2">资产总额（万元）</td><td>（略）</td><td>（略）</td><td>（略）</td><td>（略）</td><td>（略）</td><td>（略）</td><td>（略）</td><td>（略）</td><td>（略）</td></tr>
<tr><td colspan="2">国家限制或禁止行业</td><td colspan="4">□是　□否</td><td colspan="2">小型微利企业</td><td colspan="3">□是　□否</td></tr>
<tr><td colspan="11">按 年 度 填 报 信 息</td></tr>
<tr><td colspan="2">从业人数（填写平均值）</td><td colspan="4">（略）</td><td colspan="4">资产总额
（填写平均值，单位：万元）</td><td>（略）</td></tr>
<tr><td colspan="2">国家限制或禁止行业</td><td colspan="4">□是　□否</td><td colspan="4">小型微利企业</td><td>□是　□否</td></tr>
<tr><td>行次</td><td colspan="9">项　　目</td><td>本年累计金额</td></tr>
<tr><td>1</td><td colspan="9">收入总额</td><td></td></tr>
<tr><td>2</td><td colspan="9">减：不征税收入</td><td></td></tr>
<tr><td>3</td><td colspan="9">减：免税收入（4+5+10+11）</td><td></td></tr>
</table>

续表

行次	项　　　　目	本年累计金额
4	国债利息收入免征企业所得税	
5	符合条件的居民企业之间的股息、红利等权益性投资收益免征企业所得税（6+7.1+7.2+8+9）	
6	其中：一般股息红利等权益性投资收益免征企业所得税	
7.1	通过沪港通投资且连续持有H股满12个月取得的股息红利所得免征企业所得税	
7.2	通过深港通投资且连续持有H股满12个月取得的股息红利所得免征企业所得税	
8	居民企业持有创新企业CDR取得的股息红利所得免征企业所得税	
9	符合条件的居民企业之间属于股息、红利性质的永续债利息收入免征企业所得税	
10	投资者从证券投资基金分配中取得的收入免征企业所得税	
11	取得的地方政府债券利息收入免征企业所得税	
12	应税收入额（1-2-3）\成本费用总额	
13	税务机关核定的应税所得率（%）	
14	应纳税所得额（第12×13行）\［第12行÷（1-第13行）×第13行］	
15	税率（25%）	
16	应纳所得税额（14×15）	
17	减：符合条件的小型微利企业减免企业所得税	
18	减：实际已缴纳所得税额	
L19	减：符合条件的小型微利企业延缓缴纳所得税额（是否延缓缴纳所得税 □是 □否）	
19	本期应补（退）所得税额（16-17-18-L19）\税务机关核定本期应纳所得税额	
20	民族自治地方的自治机关对本民族自治地方的企业应缴纳的企业所得税中属于地方分享的部分减征或免征（ □免征 □减征：减征幅度___% ）	
21	本期实际应补（退）所得税额	

谨声明：本纳税申报表是根据国家税收法律法规及相关规定填报的，是真实的、可靠的、完整的。

纳税人（签章）：　　　　年　月　日

经办人： 经办人身份证号： 代理机构签章： 代理机构统一社会信用代码：	受理人： 受理税务机关（章）： 受理日期：　　年　月　日

项目九

个人所得税纳税实务

任务一　个人所得税基本要素

一、判断题（正确的打“√”，错误的打“×”）

1. 一般情况下，居民个人来源于中国境内和境外的所得，均应依法在我国境内缴纳个人所得税；非居民个人只就来源于中国境内的所得，依法缴纳个人所得税。（　　）

2. 个人租赁房产不区分用途，一律减按10%的税率缴纳个人所得税。（　　）

3. 根据个人所得税法的规定，判定居民纳税人的时间标准“在我国境内居住满183天”是指在一个纳税年度内在中国境内连续居住满183天。（　　）

4. 在我国境内无住所的居民个人、在一个纳税年度内累计居住满183天的年度连续不满6年的个人，其来源于中国境外且由境外单位或者个人支付的工资薪金所得，可以不缴纳个人所得税。（　　）

5. 个人取得的特许权使用费，利息、股息、红利所得，财产转让所得，财产租赁所得和偶然所得，适用20%的比例税率征收个人所得税。（　　）

6. 我国居民个人将其境外房产租赁取得的租金收入，属于来源于境外的收入。（　　）

7. 区分居民个人和非居民个人的目的在于确定其应承担的相应纳税义务。（　　）

8. 工资、薪金所得，以纳税人任职、受雇、履约而提供劳务的地点作为所得来源地。（　　）

9. 无住所个人境内工作期间按照该个人在境内工作天数计算，境内工作天数指在境内的实际工作天数，不包括境内工作期间在境内、境外享受的公休假、个人休假、接受培训的天数。（　　）

10. 无住所个人在境内履职或者执行职务时收到的数月奖金或者股权激励所得，归属于境外工作期间的部分，为来源于境外的工资、薪金所得。（　　）

11. 某无住所境外个人担任境内某居民企业的董事，2022年未在我国境内履行职务，但取得由境内居民企业负担的董事费，该境外个人取得的董事费属于来源于我国境内的所得。（　　）

12. 境外学者A先生2022年3月1日受其任职的境外B研究机构委派作为访问学者来我国C高校讲学，2022年7月28日工作期满回国。讲学期间，A先生工资由国外的B研究机构发放，补贴由我国C高校支付，则2022年3月1日至7月28日期间，A先生的工资及补贴均为来源于我国境内的所得。（　　）

13. 个人独资企业和合伙企业的生产经营所得，不缴纳企业所得税，应缴纳个人所得税，适用5%～35%的五级超额累进税率。（　　）

14. 甲企业2022年5月收购乙企业，收购过程中向乙企业自然人股东赵某支付一定金额的款项，赵某承诺5年内不从事与甲企业存在市场竞争的相关业务，并对相关技术资料保密，则赵某所收款项应按财产转让所得缴纳个人所得税。（　　）

15. 个体工商户参与企业联营分得的利润，免征个人所得税。（　　）

16. 个人经政府有关部门批准，取得执照从事办学活动取得的所得，应按劳务报酬所得缴纳个人所得税。 （ ）

17. 作者将自己的文字作品手稿原件或复印件公开拍卖取得的所得，属于财产转让所得。 （ ）

18. 某出版社的专业作者创作一本小说并由该出版社出版，取得的稿酬属于该作者的工资、薪金所得。 （ ）

19. 企业购买房屋将所有权登记为雇员个人的，视为该雇员取得利息、股息、红利所得。 （ ）

20. 我国香港居民李先生在深圳工作，2022年全年每周一早上来深圳上班，周五晚上回香港，若全年按52周计算，2022年李先生属于我国的居民个人。 （ ）

二、不定项选择题（每题至少有一个正确答案，请将正确答案填在括号内）

1. 个人综合所得预扣预缴适用的税率包括（ ）。

A.3%～45%的七级超额累进税率

B.20%的比例税率

C.20%～40%的超额累进税率

D.5%～35%的五级超额累进税率

2. 下列各项个人所得，不属于个人所得税税目的是（ ）。

A. 财产租赁所得　　B. 其他所得

C. 利息、股息、红利所得　　D. 经营所得

3. 下列选项中不属于“综合所得”的是（ ）。

A. 稿酬所得　　B. 劳务报酬所得

C. 工资、薪金所得　　D. 财产租赁所得

4. 下列各项中，属于工资、薪金所得的是（ ）。

A. 公司职工取得的用于购买企业国有股权的劳动分红

B. 单位统一为员工购买符合规定的2 000元以内的商业健康保险产品的支出

C. 对营销业绩突出的非雇员以培训班名义组织的免费旅游活动

D. 超过规定标准的误餐费

5. 个人从事劳务取得的下列所得中，属于劳务报酬所得的是（ ）。

A. 技术服务　　B. 介绍服务

C. 经纪服务　　D. 代办服务

6. 依据个人所得税法的规定，个人转让有价证券取得的所得属于（ ）。

A. 偶然所得　　B. 财产转让所得

C. 利息、股息、红利所得　　D. 特许权使用费所得

7. 经营所得，是指（ ）。

A. 个体工商户从事生产、经营活动取得的所得，个人独资企业投资人、合伙企业的个人合伙人来源于境内注册的个人独资企业、合伙企业的生产、经营所得

B. 个人依法从事办学、医疗、咨询以及其他有偿服务活动取得的所得

C. 个人对企业、事业单位承包经营、承租经营以及转包、转租取得的所得
D. 个人从事其他生产、经营活动取得的所得

8. 下列各项中，属于“财产转让所得”中所称的财产的是（　　）。
A. 有价证券　B. 股权
C. 合伙企业中的财产份额　D. 不动产

9. 下列各项所得中，应缴纳综合所得个人所得税的是（　　）。
A. 托儿补助费　B. 退休人员再任职收入
C. 差旅费津贴　D. 工伤赔偿金

10. 下列各项中，属于个人工资薪金所得税应税项目的是（　　）。
A. 任职、受雇于报纸、杂志等单位的记者、编辑等专业人员，因在本单位的报纸、杂志上发表作品而取得的所得
B. 出版社的专业作者撰写、编写的作品，由本社以图书的形式出版取得的所得
C. 保险公司保险营销员取得的佣金收入
D. 出租车驾驶员采取单车承包方式承包出租汽车经营单位的出租车，从事客货运营取得的收入

11. 在中国境内有住所的个人，是指因（　　）关系而在中国境内习惯性居住的个人。
A. 户籍　B. 家庭
C. 经济利益　D. 血缘

12. 某作家将自己的一部作品的著作权的使用权提供给某制片厂，取得的所得应属于（　　）。
A. 特许权使用费所得　B. 稿酬所得
C. 财产租赁所得　D. 财产转让所得

13. 下列各项中，不属于劳务报酬的是（　　）。
A. 个人按照客户的要求代为制定工程、工艺等各类设计取得的报酬
B. 个人受托从事会计核算业务取得的报酬
C. 个人受托从事文字翻译取得的报酬
D. 个人将外国小说翻译出版取得的报酬

14. 下列各项中，应按“经营所得”项目征税的是（　　）。
A. 个人因从事彩票代销业务而取得的所得
B. 个人因专利权被侵害获得的经济赔偿所得
C. 私营企业（非个人独资企业、合伙企业）的个人投资者以企业资金为本人购买的汽车
D. 个人独资企业的个人投资者以企业资金为本人购买的住房

15. 下列各项中，实行超额累进税率的是（　　）。
A. 工资薪金所得　B. 偶然所得
C. 劳务报酬所得　D. 经营所得

16. 下列各项中，应计算缴纳个人所得税的是（　　）。

A. 职工个人以股份形式取得的不拥有所有权的企业量化资产

B. 职工个人以股份形式取得的拥有所有权的企业量化资产

C. 职工个人以股份形式取得的拥有所有权的企业量化资产，转让时所获得的收入

D. 职工个人以股份形式取得的以量化资产参与企业分配而获得的股息

17. 在我国境内无住所的外籍人员A先生，2021年3月10日来华工作，2022年3月15日回国，2022年11月6日再次来华，2023年1月7日离华回国。2021年在华工作期间，6月15日至7月18日因工作需要去了B国，则A先生（　　）。

A. 2021年度为我国居民个人，2022年度为我国非居民个人

B. 2021年度为我国非居民个人，2022年度为我国居民个人

C. 2021年度和2022年度均为我国非居民个人

D. 2021年度和2022年度均为我国居民个人

18. 非居民个人取得的下列各项来源于境内的所得，不需要在我国申报缴纳个人所得税的是（　　）。

A. 一个纳税年度内累计离境不超过183天的个人，从中国境内取得的劳务报酬所得

B. 一个纳税年度内在境内累计居住不满90天的个人，由境外企业支付的工资、薪金所得

C. 一个纳税年度内累计居住超过183天的个人，由境内和境外企业支付的境内工资、薪金所得

D. 一个纳税年度内累计居住满183天的年度连续不满6年，取得的由境外企业支付的境内工资、薪金所得

19. 下列所得中，应按劳务报酬所得计算个人所得税的是（　　）。

A. 外部董事的董事费收入

B. 个人举办书画展取得的报酬

C. 教师去培训班讲课取得的收入

D. 担任任职公司关联企业的监事取得的监事费收入

20. 下列各项中，按照“利息、股息、红利所得”项目征收个人所得税的有（　　）。

A. 个人取得的企业债券利息

B. 合伙企业的个人投资者以企业资金为本人购买住房

C. 股份有限公司的个人投资者取得的股份分红

D. 职工个人取得的用于购买企业国有股权的劳动分红

三、辨析题

1. 个人担任公司董事、监事取得的收入，如何判断其属于工资、薪金所得还是劳务报酬所得？区别工资、薪金所得与劳务报酬所得的关键因素是什么？

2. 张先生于2022年3月15日在某家装中心购进家装材料，支付货款113 000元，取

得兑奖券10张，2022年3月底家装中心通过摇号方式抽奖，张先生有幸中奖，获得手机一部，价值6 000元。针对张先生获奖行为的个人所得税处理，有两种意见：一种意见认为张先生获奖所得的手机未支付相关费用，属于偶然所得，应缴纳个人所得税；另一种意见认为张先生获奖是由于购买了家装材料，已支付对价，不发生个人所得税纳税义务。你认为哪种意见更符合税收法规？

任务二　个人所得税的计税依据及应纳税额的计算

一、判断题（正确的打“√”，错误的打“×”）

1. 财产转让所得，以转让财产的收入额减除财产原值和20%的费用后的余额为应纳税所得额。（　）

2. 纳税义务人未提供完整、准确的财产原值凭证，不能正确计算财产原值的，由主管税务机关核定其财产原值。（　）

3. 对于特许权使用费所得，以同一使用权的不同次转让所取得的收入之和为一次。（　）

4. 居民个人取得的劳务报酬所得、稿酬所得、特许权使用费所得以收入减除20%费用后的余额为综合所得收入额，稿酬所得的收入额减按70%计算。（　）

5. 个人取得的应纳税所得包括现金、实物，但不包括有价证券。（　）

6. 纳税人接受技能人员职业资格继续教育、专业技术人员职业资格继续教育，享受继续教育专项附加扣除的时间为取得相关证书的次年。（　）

7. 财产租赁所得允许扣除的修缮费用，一次最多扣除800元，一次扣除不完的，准予在下一次继续扣除，直到扣完为止。（　）

8. 雇员取得除全年一次性奖金以外的其他各种名目的奖金，如半年奖、季度奖、加班奖、先进奖、考勤奖等，一律与当月工资、薪金收入合并，按税法相关规定缴纳个人所得税。（　）

9. 纳税人赡养2个及以上老人的，赡养老人专项附加扣除不得按老人人数加倍扣除。（　）

10. 非居民个人取得的工资、薪金所得，以每月收入额减除费用5 000元、专项附加扣除后的余额为应纳税所得额，适用按月换算后的综合所得税率表。（　）

11. 纳税人发生的医药费用支出可以选择由本人或者其配偶扣除，扣除限额80 000元，如果夫妻两人同时有符合条件的大病医疗支出，扣除限额分别计算，在计算医药费用支出额度时不能混合，应按每个人分别计算。（　）

12. 纳税人张某和李某均符合住房租金扣除条件，其中张某在某市市区工作，李某在同一市的下辖县工作，张某的住房租金扣除金额应高于李某。（　）

13. 居民个人张某的任职受雇单位在A市，日常工作地点在B市，张某在A、B两市均无自有住房，张某可以选择A、B两市中标准较高者享受住房租金专项附加

扣除。 ( )

14. 个人接受本科（含）以下学历（学位）继续教育，符合税法规定扣除条件的，可以选择由其父母按照子女教育支出扣除。 ( )

15. 某合伙企业主营餐饮服务，另有零星娱乐收入，该合伙企业个人所得税适用核定应税所得率征收管理办法。经核实，2022年该合伙企业对餐饮、娱乐收入进行了单独核算，则2022年该合伙企业在申报缴纳个人所得税时可分别按餐饮、娱乐确定应税所得率计算个人所得税。 ( )

16. 张某分别投资兴办了洗车行和修车行两个独资企业，2022年两个独资企业的所得分别为160 000元和228 900元，则两个独资企业分别适用5%的五级超额累进税率进行汇算清缴。 ( )

17. 某合伙企业2022年实际支付给员工的工资、薪金为100万元，则其拨缴的工会经费2.5万元，发生的职工福利费14万元、职工教育经费2万元，均可以在税前据实扣除。 ( )

18. 扣缴义务人办理工资、薪金所得预扣预缴税款时，应当根据纳税人报送的《个人所得税专项附加扣除信息表》为纳税人办理专项附加扣除。 ( )

19. 居民个人关某2022年租赁齐某住房后转租，在计算关某财产租赁所得时允许扣除其支付给齐某的租金支出。 ( )

20. 个人根据国家有关政策规定缴付的年金个人缴费部分，在不超过本人缴费工资计税基数4%标准内的部分，暂从个人当期的应纳税所得额中扣除。 ( )

二、不定项选择题（每题至少有一个正确答案，请将正确答案填在括号内）

1.下列各项中，不属于个人所得税专项扣除的是（ ）。

A.基本医疗保险　　B.基本养老保险

C.工伤保险　　D.住房公积金

2.下列各项个人所得中，应缴纳个人所得税的是（ ）。

A. 张某获得政府颁发的科学进步奖2 000元

B. 张某将房产无偿赠送给县政府

C. 张某将房产无偿赠送给儿子

D. 张某设立个人独资企业从事生产经营取得的所得

3.在我国境内无住所的个人A先生，2022年9月在我国境内、境外企业同时担任职务，2022年9月1日至2022年9月18日期间在我国境内履约，履约期间休息2天，9月1日、9月18日在我国境内停留时间不足24小时，则计算其当月来源于我国境内工资、薪金所得的天数是（ ）天。

A.15　　B.16　　C.17　　D.18

4.依据个人所得税法的相关规定，下列各项公益、救济性捐赠支出中，准予税前全额扣除的是（ ）。

A. 通过非营利性社会团体向红十字事业的捐赠

B. 通过国家机关向农村义务教育的捐赠

C. 通过非营利性社会团体向新建公益性青少年活动场所的捐赠

D. 通过非营利性社会团体向重点文物保护单位的捐赠

5. 某退休职工2022年8月取得的下列所得中，需依法缴纳个人所得税的是（　　）。

A. 咨询服务费8 000元

B. 退休工资6 000元

C. 参加电视台有奖问答获得彩电价值3 500元

D. 境外储蓄利息100美元

6. 个体工商户在计算其个人所得税时，不得在税前扣除的是（　　）。

A. 支付给生产经营从业人员的工资

B. 业主家庭支出

C. 固定资产盘亏净损失

D. 实际消耗的外购半成品

7. 下列应税项目在计算应纳所得税额时，不采用定额扣除办法扣除费用的是（　　）。

A. 财产转让所得

B. 承包经营所得（不拥有所有权的承包方式）

C. 设计服务所得

D. 利息所得

8. 计算财产转让所得时允许扣除财产原值，下列各项中，不属于机械设备原值的是（　　）。

A. 购进价格　　B. 运输费　　C. 装卸费　　D. 修理费

9. 中国公民刘某于2022年5月将自己租来的面积为200平方米的4间住房按市场价格出租，刘某支付的月租金为1 200元，转租每月取得租金3 000元，在不考虑其他税费的情况下，刘某2022年5月应缴纳个人所得税（　　）元。

A.100　　B.180　　C.200　　D.600

10. 非独生子女赡养老人专项附加扣除的分摊方式不包括（　　）。

A. 赡养人平均分摊　　B. 赡养人约定分摊

C. 赡养人指定分摊　　D. 被赡养人指定分摊

11. 下列各项表述中，正确的有（　　）。

A. 张三与李四共同为A公司提供劳务，取得收入10万元，其中张三分得6万元，李四分得4万元，二人可以分别减除费用，分别单独计算个人所得税

B. 专项附加扣除是对专项扣除的附加

C. 张三同时属于甲、乙两个合伙企业的合伙人，其从每一个合伙企业取得的经营所得，均可分别减除6万元

D. 居民个人综合所得按年计算，适用3%～45%的超额累进税率

12. 下列应纳税所得额的计算中，正确的有（　　）。

A. 非居民个人A先生，当月取得归属于境内的工资收入10万元，其应纳税所得额为95 000元

B. 李某取得上市公司股息5 000元，其应纳税所得额为4 000元

C. 2022年，孙某取得稿酬所得2万元，假定无其他综合所得，其应纳税所得额为1.12万元

D. 刘某转让一套住房，取得收入500万元，该房屋的原购买价款为120万元，无相关税费，其应纳税所得额为380万元

13. 下列各项关于计算个人所得税时可扣除的财产原值的表述中，正确的是（　　）。

A. 拍卖受赠获得的物品，原值为该拍卖品的市场价值

B. 拍卖通过拍卖行拍得的物品，原值为该物品的评估价值

C. 拍卖祖传的藏品，原值为该拍卖品的评估价值

D. 拍卖从画廊购买的油画，原值为购买拍卖品时实际支付的价款

14. 张三、李四分别出资200万元、100万元成立一家合伙企业，协议约定按出资比例分红。2022年该合伙企业实现所得90万元，二人决定留存企业30万元，其余按约定比例分配。下列各项关于张三、李四应缴纳个人所得税的表述中，正确的是（　　）。

A. 采用“先分后税”的办法，张三、李四分别按年生产经营所得40万元、20万元申报

B. 采用“先分后税”的办法，张三、李四分别按年生产经营所得60万元、30万元申报

C. 采用“先税后分”的办法，由合伙企业按年生产经营所得90万元申报，再由张三、李四分别按利息、股息、红利所得40万元、20万元申报

D. 采用“先税后分”的办法，由合伙企业按年生产经营所得90万元申报，再由张三、李四分别按利息、股息、红利所得60万元、30万元申报

15. 实行查账征收方式的个人独资企业和合伙企业改为核定征收方式后，在查账征收方式下认定的年度经营亏损未弥补完的部分应（　　）。

A. 继续弥补　　B. 待再次转为查账征收时继续弥补

C. 不得继续弥补　　D. 按税务机关核定的一定比例弥补

16. 财产租赁所得允许扣除的修缮费用以每次（　　）元为限。

A.500　　B.800　　C.1 000　　D.1 500

17. 利息、股息、红利所得的应纳税所得额是（　　）。

A. 每年收入额　　B. 每季度收入额

C. 每月收入额　　D. 每次收入额

18. 两个或两个以上的纳税义务人共同取得同一项所得的，应（　　）。

A. 先分配，分得收入多的负责缴税

B. 先按所得总额缴税，然后各方自行分配

C. 按所得总额计算应纳税额，再按各自分得收入占总收入比例分摊税额

D. 先分配，对每个人分得的收入分别减除允许扣除的项目金额，并计算各自的应纳税额

19. 在解除劳动合同后又再次任职、受雇的，对已纳税的一次性补偿收入的处理正确的是（　　）。

A. 以一次性补偿收入已纳税款抵免再次任职、受雇所得应纳税款后申报缴纳个人所得税

B. 退还一次性补偿收入已纳个人所得税

C. 一次性补偿收入与再次任职、受雇取得的工资、薪金所得合并计算补缴个人所得税

D. 一次性补偿收入不再与再次任职、受雇取得的工资、薪金所得合并计算补缴个人所得税

20. 计算当期境内和境外所得应纳税额，不与境内所得合并，应当分别单独计算应纳税额的项目是（　　）。

A. 综合所得　　B. 经营所得

C. 股息、红利所得　　D. 财产转让所得

三、辨析题

1. 张某为某煤矿井下的一线采煤工，现年55岁，距离法定退休年龄尚有5年。张某决定提前离岗，办理相关手续后由所在煤矿支付一次性补偿金300 000元。假设当地上年度年人均工资为40 000元，张某离岗当月工资、薪金收入为6 340元。不考虑其他情况，试比较该补偿金分别按内部退养费、解除劳动合同的一次性补偿、提前退休取得的一次性补贴处理有何不同，各应缴纳多少个人所得税？

2. 某公司员工张三、李四的月工资收入分别为5 000元、5 800元，2022年1月公司发放2021年年终奖，张三、李四分别获得36 800元、36 000元，则张三、李四2022年1月工资性收入一致。假设二人各项扣除额也均为6 800元，请问二人当月应预缴的个人所得税也一致吗？

四、计算分析题

1. 来自与我国缔结税收协定国家的某外籍人员，在国内某外资企业任财务总监的同时在境外公司任职。该外籍人员2022年3月5日来华，2022年8月25日离境。2022年8月的工资为228 000元人民币，其中150 000元由境内外资企业支付、78 000元由境外雇主支付。当月该外籍人员另取得探亲费20 000元，该外籍个人选择享受优惠政策。

要求：计算该外籍人员2022年8月应缴纳的个人所得税。

2. 居民个人A先生在甲公司任职，2022年1—12月每月从公司取得工资薪金收入20 000元。公司统一为员工购买符合规定的商业健康保险产品每月支出200元；每月“三险一金”个人缴费部分为4 500元（其中，基本养老保险1 600元，基本医疗保险400元，失业保险100元，住房公积金2 400元）。A先生从1月开始享受子女教育和赡养老人专项附加扣除，分别为2 000元和1 000元，合计3 000元。假设无其他扣除，该公司每月最后一日发放当月工资。A先生2022年其他收入如下：

2022年8月从乙公司取得劳务报酬收入30 000元，稿酬收入2 000元，特许权使用

费收入2 000元。

要求：

（1）计算甲公司1—12月向A先生支付工资薪金时应预扣预缴的个人所得税并将计算过程填入表9-1；

（2）计算乙公司向A先生支付劳务报酬、稿酬、特许权使用费时应预扣预缴的个人所得税；

（3）计算A先生2022年综合所得汇算清缴个人所得税应补（退）税款。

表9-1 个人所得税预扣预缴计算表

月份	工资薪金收入	基本扣除	专项扣除	专项附加扣除	其他扣除	累计预扣预缴应纳税所得额	预扣率	速算扣除数	累计已预扣预缴税款	本月预扣预缴税款
1										
2										
3										
4										
5										
6										
7										
8										
9										
10										
11										
12										

3. 建筑设计师李某于2022年5月至8月为甲公司提供一项工程设计服务，合同规定客户需向李某支付80 000元的工程设计费，并于2022年8月设计完成后一次性支付。

要求：计算甲公司向李某支付设计费时应预扣预缴的个人所得税。

4.C先生为某保险公司的个人营销员，2022年共取得佣金收入452 000元，每月自行缴付“三险一金”4 500元、支付税优商业健康保险费200元，每月符合条件的专项附加扣除合计3 000元。C先生1—11月已由保险公司预扣预缴个人所得税2 620元，12月取得佣金收入135 600元。假设：C先生除12月以外各月的佣金收入均未超过100 000元，城市维护建设税和教育费附加、地方教育附加可按50%的幅度减征；C先生当年没有上述佣金收入以外的其他收入。

要求：

（1）计算保险公司向C先生支付12月佣金应预扣预缴的个人所得税。

（2）计算C先生2022年度综合所得在次年汇算清缴时应补（退）的个人所得税。

5.张某在市区投资兴办了A装饰公司和B咨询公司两家个人独资企业，均为增值税小规模纳税人。按照当地税务机关的要求，张某选择在A企业扣除准予扣除的个人费用。2022年A、B两家企业经营情况如下：

（1）A企业主要从事装饰装修服务，实行查账征收办法，年终决算前账面销售收入为1 000 000元，成本费用为670 000元，利润为330 000元。其成本费用中包括：张某的工资，6 200元/月；3月购进一辆兼用于经营与家庭生活的小汽车支出150 000元，计提折旧28 150元，税务机关核定的折旧费税前扣除比例为40%；全年发生的业务招待费支出10 000元；违反各种行政法规的罚款8 000元。2022年2月经税务机关核实，2021年8月A企业有50 000元（不含税）收入未入账。2022年1—3季度张某已就A企业所得预缴个人所得税10 000元。

（2）B企业为咨询服务企业，因核算不健全，税务机关对其采用核定征收的方法，确定其成本费用支出为150 000元，应税所得率为20%，张某当年未就B企业所得预缴个人所得税。

（3）张某每月支付养老保险费1 800元、医疗保险费1 500元、失业保险费500元、住房公积金1 200元，商业健康保险费200元、税延养老保险费800元，每月享受专项附加扣除中的子女教育1 000元、首套房贷款利息1 000元、赡养老人1 000元。

要求：计算A、B两家企业2022年12月应预缴税额，及张某经营所得年终汇算清缴个人所得税税额。

6.李先生2022年承包A搪瓷厂，与搪瓷厂达成协议约定，承包后仍以搪瓷厂名义进行生产经营，每年李先生支付搪瓷厂承包费80 000元，于年末一次支付，其余利润（税后）由李先生享有支配权。当年李先生分别在6月、12月两次取得承包经营利润160 000元、180 000元，同时每月从该搪瓷厂领取工资6 000元，李先生2022年度没有取得综合所得。假设李先生每月缴纳社会保险及住房公积金4 000元、商业健康保险费200元、税延养老保险费800元，每月享受专项附加扣除中的子女教育500元、首套房贷款利息1 000元、赡养老人2 000元。

要求：计算李先生2022年6月、12月应预缴个人所得税及年末汇算清缴应补退个人所得税税额。

7.赵某出租其闲置的一套住房，2022年10—12月按月收取租金5 000元，2022年11月20日支付修缮费用1 000元。

要求：计算赵某2022年10—12月租金收入应缴纳的房产税及个人所得税。

8.王某2022年6月接受其父亲无偿赠送的一套住房，该套住房购置于2000年3月，原取得成本为100万元，赠与合同中标明市价为260万元，当地税率3%；王某办理过户手续时支付相关费用10.4万元。2022年8月，王某将上述房产转让（非唯一住房），转让价格为400万元，并支付相关费用5万元。

要求：计算王某转让房产应缴纳的个人所得税。

任务三 个人所得税纳税申报

一、判断题（正确的打“√”，错误的打“×”）

1. 对个人转让自用5年以上且是家庭唯一生活用房取得的所得，免征个人所得税。（ ）

2. 实行核定征收的投资者，不能享受个人所得税的优惠政策。（ ）

3. 符合规定条件的失业人员领取的失业保险金，免予征收个人所得税。（ ）

4. 居民个人申请抵免已在境外缴纳的个人所得税税款，应当提供境外税务机关出具的税款所属年度的有关纳税凭证。（ ）

5. 国债利息，是指个人持有经国务院批准发行的金融债券所取得的利息。（ ）

6. 个人所得税法所称享受免税优惠政策的按照国家统一规定发给的补贴、津贴，是指按照国务院规定发给的政府特殊津贴、院士津贴，以及国务院规定免予缴纳个人所得税的其他补贴、津贴。（ ）

7. 对个人取得的各类储蓄存款利息所得，一律免征个人所得税。（ ）

8. 个人向社会公益事业及遭受自然灾害地区、贫困地区捐赠，捐赠额未超过纳税人申报的应纳税所得额3%的部分，可从其应纳税所得额中扣除。（ ）

9. 扣缴义务人应扣未扣纳税人个人所得税税款的，应由扣缴义务人补缴应扣未扣的税款，并支付滞纳金及罚款。（ ）

10. 企业和个人按照省级人民政府规定的比例提取缴付的基本养老保险费、失业保险费，不计入个人当期的工资、薪金收入，免予征收个人所得税。但个人领取时，应征收个人所得税。（ ）

二、不定项选择题（每题至少有一个正确答案，请将正确答案填在括号内）

1.纳税人取得综合所得在纳税年度内已依法预缴个人所得税无须办理年度汇算的情形包括（ ）。

A. 年度汇算需补税但综合所得收入全年不超过12万元的

B. 年度汇算需补税金额不超过1 000元的

C. 已预缴税额与年度汇算应纳税额一致的

D. 符合年度汇算退税条件但不申请退税的

2.享受免税政策的救济金，是指国家（ ）支付给个人的生活困难补助费。

A.财政部门　　B.民政部门

C.主管部门　　D.人民政府

3.根据个人所得税法律制度的规定，下列关于个人所得税纳税申报的表述中不正确的是（ ）。

A. 非居民个人取得工资、薪金所得，劳务报酬所得，稿酬所得和特许权使用费

所得不办理汇算清缴

B. 纳税人取得利息、股息、红利所得，有扣缴义务人的，由扣缴义务人按月或者按次代扣代缴税款

C. 居民个人从中国境外取得所得的，应当在取得所得的次年3月1日至6月30日申报纳税

D. 纳税人取得应纳税所得，扣缴义务人未扣缴税款的，纳税人无须自行缴纳税款

4. 省级政府有权制定的税收优惠政策包括（　　）。

A. 烈属取得的经营所得　　B. 洪涝灾害但损失不大的

C. 残疾人张三的赌博收益　　D. 孤老人员的利息所得

5. 需要办理综合所得汇算清缴的纳税人，应当向任职、受雇单位所在地主管税务机关办理汇算清缴申报，办理时间是（　　）。

A. 取得所得的次年1月1日至3月31日

B. 取得所得的次年3月1日至5月31日

C. 取得所得的次年1月1日至5月31日

D. 取得所得的次年3月1日至6月30日

6. 对奖励见义勇为者的奖金或奖品，应（　　）。

A. 按劳务报酬所得减半征收

B. 按偶然所得减半征收

C. 按偶然所得全额计征个人所得税

D. 经主管税务机关核准，免征个人所得税

7. 根据个人所得税法律制度的规定，下列选项中，属于个人所得税免税或暂免征税项目的有（　　）。

A. 军人的转业费

B. 个人举报、协查各种违法、犯罪行为而获得的奖金

C. 国债和国家发行的金融债券利息

D. 因严重自然灾害造成重大损失的

8. 纳税人取得经营所得，向经营管理所在地主管税务机关办理预缴申报时，应报送的表格是（　　）。

A.《个人所得税经营所得纳税申报表（A表）》

B.《个人所得税经营所得纳税申报表（B表）》

C.《个人所得税经营所得纳税申报表（C表）》

D.《个人所得税专项附加扣除信息表》

9. 纳税人取得利息、股息、红利所得，扣缴义务人未扣缴税款的，纳税人办理纳税申报的地点是（　　）。

A. 户籍所在地主管税务机关

B. 经常居住地主管税务机关

C. 所得项目纳税义务发生地主管税务机关

D.以上三个地方由纳税人自行选择

10.纳税人取得综合所得办理汇算清缴时，办理地点叙述正确的有（　）。

A.对有两处以上任职、受雇单位的，可以选择其中一处任职、受雇单位所在地主管税务机关申报

B.对只有一处任职、受雇单位的，可以选择其任职、受雇单位所在地主管税务机关申报，也可以选择户籍所在地主管税务机关申报

C.纳税人没有任职、受雇单位的，可以向户籍所在地主管税务机关办理汇算清缴申报

D.纳税人没有任职、受雇单位的，可以向经常居住地主管税务机关办理汇算清缴申报

三、实训题

实训一　个人综合所得代扣代缴申报、自行申报技能实训

1.实训目标

熟悉《个人所得税扣缴申报表》《个人所得税年度自行纳税申报表（A表）》的基本内容，掌握纳税申报表填制的基本技能。

2.实训要求

根据实训资料填制《个人所得税扣缴申报表》《个人所得税年度自行纳税申报表（A表）》。

3.实训资料

（1）业务资料。

详见“任务二　个人所得税的计税依据及应纳税额的计算”中计算分析题2的甲公司A先生12月份收入业务资料（个人身份相关信息略）。假设其任职、受雇的甲公司按月预扣预缴其工资、薪金收入的个人所得税，申报时间为2023年1月10日；年终汇算清缴由A先生自行申报，申报时间为2023年4月10日。

（2）申报资料。

《个人所得税扣缴申报表》见表9-2，《个人所得税年度自行纳税申报表（A表）》见表9-3。

表9-2

个人所得税扣缴申报表

税款所属期：　　年　月　日至　　年　月　日

扣缴义务人名称：

扣缴义务人纳税人识别号（统一社会信用代码）：□□□□□□□□□□□□□□□□□□□□□□□　　金额单位：人民币元（列至角分）

序号	姓名	身份证件类型	身份证件号码	纳税人识别号	是否为非居民个人	所得项目	本月（次）情况														累计情况（工资、薪金）										减按计税比例	准予扣除的捐赠额	税款计算							备注
							收入额计算			减除费用	专项扣除				其他扣除						累计收入额	累计减除费用	累计专项扣除	累计专项附加扣除						累计其他扣除			应纳税所得额	税率/预扣率	速算扣除数	应纳税额	减免税额	已扣缴税额	应补（退）税额	
							收入	费用	免税收入		基本养老保险费	基本医疗保险费	失业保险费	住房公积金	年金	商业健康保险	税延养老保险	财产原值	允许扣除的税费	其他				子女教育	继续教育	住房贷款利息	住房租金	赡养老人	3岁以下婴幼儿照护											
1	2	3	4	5	6	7	8	9	10	11	12	13	14	15	16	17	18	19	20	21	22	23	24	25	26	27	28	29	30	31	32	33	34	35	36	37	38	39	40	41
合计																																								

谨声明：本扣缴申报表是根据国家税收法律法规及相关规定填报的，是真实的、可靠的、完整的。

扣缴义务人（签章）：　　年　月　日

经办人签字： 经办人身份证件号码： 代理机构签章： 代理机构统一社会信用代码：	受理人： 受理税务机关（章）： 受理日期：　　年　月　日

国家税务总局监制

表9-3 个人所得税年度自行纳税申报表（A表）

（仅取得境内综合所得年度汇算适用）

税款所属期：2021年1月1日至2021年12月31日

纳税人姓名：钱某

纳税人识别号：□□□□□□□□□□□□□□□□□□□□□-□□ 金额单位：人民币元（列至角分）

<table>
<tr><td colspan="6">基本情况</td></tr>
<tr><td>手机号码</td><td></td><td>电子邮箱</td><td></td><td>邮政编码</td><td>□□□□□□□</td></tr>
<tr><td>联系地址</td><td colspan="5">______省（区、市）______市______区（县）______街道（乡、镇）____</td></tr>
<tr><td colspan="6">纳税地点（单选）</td></tr>
<tr><td colspan="4">1.有任职受雇单位的，需选本项并填写“任职受雇单位信息”：</td><td colspan="2">□任职受雇单位所在地</td></tr>
<tr><td rowspan="2">任职受雇单位信息</td><td>名称</td><td colspan="4"></td></tr>
<tr><td>纳税人识别号</td><td colspan="4">□□□□□□□□□□□□□□□□□□□□□□</td></tr>
<tr><td colspan="3">2.没有任职受雇单位的，可以从本栏次选择一地：</td><td colspan="3">□户籍所在地 □经常居住地 □主要收入来源地</td></tr>
<tr><td colspan="2">户籍所在地/经常居住地/主要收入来源地</td><td colspan="4">______省（区、市）____市____区（县）____街道（乡、镇）____</td></tr>
<tr><td colspan="6">申报类型（单选）</td></tr>
<tr><td colspan="3">□首次申报</td><td colspan="3">□更正申报</td></tr>
<tr><td colspan="6">综合所得个人所得税计算</td></tr>
<tr><td colspan="4">项目</td><td>行次</td><td>金额</td></tr>
<tr><td colspan="4">一、收入合计（第1行＝第2行＋第3行＋第4行＋第5行）</td><td>1</td><td></td></tr>
<tr><td colspan="4">（一）工资、薪金</td><td>2</td><td></td></tr>
<tr><td colspan="4">（二）劳务报酬</td><td>3</td><td></td></tr>
<tr><td colspan="4">（三）稿酬</td><td>4</td><td></td></tr>
<tr><td colspan="4">（四）特许权使用费</td><td>5</td><td></td></tr>
<tr><td colspan="4">二、费用合计［第6行＝（第3行＋第4行＋第5行）×20%］</td><td>6</td><td></td></tr>
<tr><td colspan="4">三、免税收入合计（第7行＝第8行＋第9行）</td><td>7</td><td></td></tr>
<tr><td colspan="4">（一）稿酬所得免税部分［第8行＝第4行×（1−20%）×30%］</td><td>8</td><td></td></tr>
<tr><td colspan="4">（二）其他免税收入（附报《个人所得税减免税事项报告表》）</td><td>9</td><td></td></tr>
<tr><td colspan="4">四、减除费用</td><td>10</td><td></td></tr>
<tr><td colspan="4">五、专项扣除合计（第11行＝第12行＋第13行＋第14行＋第15行）</td><td>11</td><td></td></tr>
</table>

续表

项目	行次	金额
（一）基本养老保险费	12	
（二）基本医疗保险费	13	
（三）失业保险费	14	
（四）住房公积金	15	
六、专项附加扣除合计（附报《个人所得税专项附加扣除信息表》） （第16行＝第17行＋第18行＋第19行＋第20行＋第21行＋第22行+第23行）	16	
（一）子女教育	17	
（二）继续教育	18	
（三）大病医疗	19	
（四）住房贷款利息	20	
（五）住房租金	21	
（六）赡养老人	22	
（七）3岁以下婴幼儿照护	23	
七、其他扣除合计（第24行＝第25行＋第26行＋第27行＋第28行＋第29行+第30行）	24	
（一）年金	25	
（二）商业健康保险（附报《商业健康保险税前扣除情况明细表》）	26	
（三）税延养老保险（附报《个人税收递延型商业养老保险税前扣除情况明细表》）	27	
（四）允许扣除的税费	28	
（五）个人养老金	29	
（六）其他	30	
八、准予扣除的捐赠额（附报《个人所得税公益慈善事业捐赠扣除明细表》）	31	
九、应纳税所得额 （第32行＝第1行－第6行－第7行－第10行－第11行－第16行－第24行－第31行）	32	
十、税率（%）	33	
十一、速算扣除数	34	
十二、应纳税额（第33行＝第32行×第33行－第34行）	35	
全年一次性奖金个人所得税计算 （无住所居民个人预判为非居民个人取得的数月奖金，选择按全年一次性奖金计税的填写本部分）		
一、全年一次性奖金收入	36	

续表

项目			行次	金额
二、准予扣除的捐赠额（附报《个人所得税公益慈善事业捐赠扣除明细表》）			37	
三、税率（%）			38	
四、速算扣除数			39	
五、应纳税额［第40行=（第36行-第37行）×第38行-第39行］			40	
税额调整				
一、综合所得收入调整额（需在“备注”栏说明调整具体原因、计算方式等）			41	
二、应纳税额调整额			42	
应补/退个人所得税计算				
一、应纳税额合计（第43行=第35行+第40行+第42行）			43	
二、减免税额（附报《个人所得税减免税事项报告表》）			44	
三、已缴税额			45	
四、应补/退税额（第46行=第43行-第44行-第45行）			46	
无住所个人附报信息				
纳税年度内在中国境内居住天数		已在中国境内居住年数		
退税申请 （应补/退税额小于0的填写本部分）				
□申请退税（需填写“开户银行名称”“开户银行省份”“银行账号”）　□放弃退税				
开户银行名称		开户银行省份		
银行账号				
备注				
谨声明：本表是根据国家税收法律法规及相关规定填报的，本人对填报内容（附带资料）的真实性、可靠性、完整性负责。 纳税人签字：　　　　年　月　日				
经办人签字： 经办人身份证件类型： 经办人身份证件号码： 代理机构签章： 代理机构统一社会信用代码：		受理人： 受理税务机关（章）： 受理日期：　　年　月　日		

实训二　经营所得纳税申报技能实训

1.实训目标

熟悉《个人所得税经营所得纳税申报表（A表）》《个人所得税经营所得纳税申报表（B表）》《个人所得税经营所得纳税申报表（C表）》的基本内容及相互间逻辑关系，掌握纳税申报表填制的流程及基本技能。

2.实训要求

根据实训资料填制《个人所得税经营所得纳税申报表（A表）》《个人所得税经营所得纳税申报表（B表）》《个人所得税经营所得纳税申报表（C表）》。

3.实训资料

（1）业务资料。

详见“任务二　个人所得税的计税依据及应纳税额的计算”中计算分析题5所给出的张某投资兴办A、B两家独资企业的业务资料，A企业12月份预缴经营所得申报时间为2023年1月10日，张某经营所得年度汇算清缴与汇总申报时间为2023年3月10日。

（2）申报资料。

《个人所得税经营所得纳税申报表（A表）》见表9-4，《个人所得税经营所得纳税申报表（B表）》见表9-5，《个人所得税经营所得纳税申报表（C表）》见表9-6。

表9-4　　个人所得税经营所得纳税申报表（A表）

税款所属期：　　年　月　日至　　年　月　日

纳税人姓名：

纳税人识别号：□□□□□□□□□□□□□□□□□□□□□□□□□　　金额单位：人民币元（列至角分）

被投资单位信息	名称		纳税人识别号（统一社会信用代码）	
征收方式	□查账征收（据实预缴）　□查账征收（按上年应纳税所得额预缴） □核定应税所得率征收　□核定应纳税所得额征收 □税务机关认可的其他方式________			

项目	行次	金额/比例
一、收入总额	1	
二、成本费用	2	
三、利润总额（3 = 1–2）	3	
四、弥补以前年度亏损	4	
五、应税所得率（%）	5	
六、合伙企业个人合伙人分配比例（%）	6	
七、允许扣除的个人费用及其他扣除（7 = 8 + 9 + 14）	7	
（一）投资者减除费用	8	

续表

项目	行次	金额/比例
（二）专项扣除（9 = 10 + 11 + 12 + 13）	9	
1.基本养老保险费	10	
2.基本医疗保险费	11	
3.失业保险费	12	
4.住房公积金	13	
（三）依法确定的其他扣除（14 = 15 + 16 + 17）	14	
1.	15	
2.	16	
3.	17	
八、准予扣除的捐赠额（附报《个人所得税公益慈善事业捐赠扣除明细表》）	18	
九、应纳税所得额	19	
十、税率（%）	20	
十一、速算扣除数	21	
十二、应纳税额（22 = 19×20−21）	22	
十三、减免税额（附报《个人所得税减免税事项报告表》）	23	
十四、已缴税额	24	
十五、应补/退税额（25 = 22−23−24）	25	
备注		
谨声明：本表是根据国家税收法律法规及相关规定填报的，本人对填报内容（附带资料）的真实性、可靠性、完整性负责。 纳税人签字：　　年　月　日		

经办人： 经办人身份证件类型： 经办人身份证件号码： 代理机构签章： 代理机构统一社会信用代码：	受理人： 受理税务机关（章）： 受理日期：　　年　月　日

表9-5　　个人所得税经营所得纳税申报表（B表）

税款所属期：　　年　月　日至　　年　月　日

纳税人姓名：

纳税人识别号：□□□□□□□□□□□□□□□□□□□□□□□□□　　金额单位：人民币元（列至角分）

被投资单位信息	名称		纳税人识别号（统一社会信用代码）	

项目	行次	金额 / 比例
一、收入总额	1	
其中：国债利息收入	2	
二、成本费用（3 = 4 + 5 + 6 + 7 + 8 + 9 + 10）	3	
（一）营业成本	4	
（二）营业费用	5	
（三）管理费用	6	
（四）财务费用	7	
（五）税金	8	
（六）损失	9	
（七）其他支出	10	
三、利润总额（11 = 1-2-3）	11	
四、纳税调整增加额（12 = 13 + 27）	12	
（一）超过规定标准的扣除项目金额（13 = 14 + 15 + 16 + 17 + 18 + 19 + 20 + 21 + 22 + 23 + 24 + 25 + 26）	13	
1. 职工福利费	14	
2. 职工教育经费	15	
3. 工会经费	16	
4. 利息支出	17	
5. 业务招待费	18	
6. 广告费和业务宣传费	19	
7. 教育和公益事业捐赠	20	
8. 住房公积金	21	
9. 社会保险费	22	
10. 折旧费用	23	

续表

项目	行次	金额 / 比例
11. 无形资产摊销	24	
12. 资产损失	25	
13. 其他	26	
（二）不允许扣除的项目金额（27 = 28 + 29 + 30 + 31 + 32 + 33 + 34 + 35 + 36）	27	
1. 个人所得税税款	28	
2. 税收滞纳金	29	
3. 罚金、罚款和被没收财物的损失	30	
4. 不符合扣除规定的捐赠支出	31	
5. 赞助支出	32	
6. 用于个人和家庭的支出	33	
7. 与取得生产经营收入无关的其他支出	34	
8. 投资者工资薪金支出	35	
9. 其他不允许扣除的支出	36	
五、纳税调整减少额	37	
六、纳税调整后所得（38 = 11 + 12−37）	38	
七、弥补以前年度亏损	39	
八、合伙企业个人合伙人分配比例（%）	40	
九、允许扣除的个人费用及其他扣除（41 = 42 + 43 + 48 + 55）	41	
（一）投资者减除费用	42	
（二）专项扣除（43 = 44 + 45 + 46 + 47）	43	
1. 基本养老保险费	44	
2. 基本医疗保险费	45	
3. 失业保险费	46	
4. 住房公积金	47	
（三）专项附加扣除（48 = 49 + 50 + 51 + 52 + 53 + 54）	48	
1. 子女教育	49	

续表

项目	行次	金额 / 比例
2. 继续教育	50	
3. 大病医疗	51	
4. 住房贷款利息	52	
5. 住房租金	53	
6. 赡养老人	54	
7. 3岁以下婴幼儿照护	55	
（四）依法确定的其他扣除（56 = 57 + 58 + 59 + 60）	56	
1. 商业健康保险	57	
2. 税延养老保险	58	
3.	59	
4.	60	
十、投资抵扣	61	
十一、准予扣除的个人捐赠支出	62	
十二、应纳税所得额（63 = 38−39−41−61−62）或［63 =（38−39）×40−41−61−62］	63	
十三、税率（%）	64	
十四、速算扣除数	65	
十五、应纳税额（66 = 63×64−65）	66	
十六、减免税额（附报《个人所得税减免税事项报告表》）	67	
十七、已缴税额	68	
十八、应补 / 退税额（69 = 66−67−68）	69	

谨声明：本表是根据国家税收法律法规及相关规定填报的，本人对填报内容（附带资料）的真实性、可靠性、完整性负责。 纳税人签字：　　年　月　日	
经办人： 经办人身份证件类型： 经办人身份证件号码： 代理机构签章： 代理机构统一社会信用代码：	受理人： 受理税务机关（章）： 受理日期：　　年　月　日

表9-6　　　　个人所得税经营所得纳税申报表（C表）

税款所属期：　　年　月　日至　　年　月　日

纳税人姓名：

纳税人识别号：□□□□□□□□□□□□□□□□□□□□□□□□□　　　金额单位：人民币元（列至角分）

被投资单位信息	单位名称			纳税人识别号（统一社会信用代码）	投资者应纳税所得额
	汇总地				
	非汇总地	1			
		2			
		3			
		4			
		5			

项目	行次	金额/比例
一、投资者应纳税所得额合计	1	
二、应调整的个人费用及其他扣除（2＝3＋4＋5＋6）	2	
（一）投资者减除费用	3	
（二）专项扣除	4	
（三）专项附加扣除	5	
（四）依法确定的其他扣除	6	
三、应调整的其他项目	7	
四、调整后应纳税所得额（8＝1＋2＋7）	8	
五、税率（%）	9	
六、速算扣除数	10	
七、应纳税额（11＝8×9−10）	11	
八、减免税额（附报《个人所得税减免税事项报告表》）	12	
九、已缴税额	13	
十、应补/退税额（14＝11−12−13）	14	

谨声明：本表是根据国家税收法律法规及相关规定填报的，本人对填报内容（附带资料）的真实性、可靠性、完整性负责。

纳税人签字：　　　年　月　日

经办人： 经办人身份证件类型： 经办人身份证件号码： 代理机构签章： 代理机构统一社会信用代码：	受理人： 受理税务机关（章）： 受理日期：　　年　月　日

附 录

模拟试题（一）

一、单项选择题（每题1分，共20分）

1.国家通过税收参与对社会剩余产品的分配凭借的权利是（　　）。

A.行政权力　B.法律赋予的权利　C.财产所有权　D.政治权利

2.税收法规是国家最高行政机关、地方立法机关根据其职权或国家最高权力机关的授权，依据宪法和税收法律，通过一定法律程序制定的规范性税收文件。下列各项中属于税收法规的是（　　）。

A.个人所得税法　B.增值税暂行条例

C.税务行政复议规则　D.税务代理试行办法

3.通过直接缩小计税依据的方式实现的减免税是（　　）。

A.法定式减免　B.税率式减免　C.税额式减免　D.税基式减免

4.下列不属于对商品劳务课税的是（　　）。

A.车船税　B.消费税　C.资源税　D.关税

5.货运客运场站服务应按照（　　）缴纳增值税。

A.交通运输服务　B.不动产租赁服务

C.现代服务中的物流辅助服务　D.现代服务中的商务辅助服务

6.甲企业为增值税小规模纳税人，采用托收承付结算方式从某一般纳税人企业购入原材料一批，增值税专用发票上注明货款200 000元，增值税26 000元，对方代垫运杂费2 000元（取得运输部门开具的增值税普通发票），该原材料已经验收入库，则原材料的入账价值为（　　）元。

A.200 000　B.202 000　C.226 000　D.228 000

7.某工业企业2014年8月被认定为增值税一般纳税人，2022年8月销售下列自己使用过的固定资产，可以采用简易计税方法的是（　　）。

A.2019年3月购进专用于职工食堂的客货两用车

B.2018年3月购进用于办公及接送职工上下班的中型客车

C.2016年3月购进的机器设备

D.2014年9月购进的管理部门专用小汽车

8.纳税人销售货物的同时收取的下列费用中，属于价外费用的是（　　）。

A.代购买方缴纳的车辆购置税

B.受托加工应征消费税的消费品所代收代缴的消费税

C.销售货物的同时代办保险向购买方收取的保险费

D.违约金

9.某家电销售企业为增值税一般纳税人，2022年6月销售H型空调80台，每台含税价款为2 825元。采取“以旧换新”方式销售同型号空调20台，每台旧空调作价580

元，实际每台收取款项2 245元。根据增值税法律制度的规定，该企业当月上述业务增值税销项税额为（　　）元。

A.36 725　　B.32 500　　C.31 165.49　　D.26 000

10.增值税一般纳税人的下列业务，可以选择差额计税的是（　　）。

A.贷款业务　　B.金融商品转让

C.洗衣机以旧换新　　D.还本方式促销

11.下列业务不属于视同销售货物行为的是（　　）。

A.将自制彩电奖励本企业先进工作者　　B.将外购彩电发给本企业职工

C.将自制彩电赠送给敬老院　　D.将外购电脑赠送给敬老院

12.提供下列服务，适用9%税率的是（　　）。

A.基础电信服务　　B.增值电信服务

C.劳务派遣服务　　D.金融服务

13.某建筑企业（增值税一般纳税人）跨省承揽建筑服务，适用一般计税方法计税，2022年8月取得含增值税工程价款109万元，支付含税分包款32.7万元，取得增值税专用发票。下列向建筑服务发生地预缴税款的计算方法中，正确的是（　　）。

A.（109−32.7）÷（1+3%）×3%　　B.（109−32.7）÷（1+3%）×2%

C.（109−32.7）÷（1+9%）×2%　　D.109÷（1+9%）×2%

14.纳税人同时销售（包括视同销售）应税原煤和洗选煤的，未分别核算或者不能准确提供原煤和洗选煤销售额的，其资源税的处理方法是（　　）。

A.一律按销售洗选煤计算纳税

B.由税务机关核定其中的原煤销售额和洗选煤销售额，分别纳税

C.一并视同销售原煤计算纳税

D.减半征收资源税

15.应税消费品生产单位将自产应税消费品用于下列项目，不缴纳消费税的是（　　）。

A.生产车间领用连续生产应税消费品　　B.本企业管理部门领用专用于办公

C.本企业食堂领用用于招待　　D.以奖金形式发给本企业职工

16.根据现行税法规定，下列既征收增值税又征收消费税的是（　　）。

A.从国外进口数码相机　　B.商场销售粮食白酒

C.烟酒经销商店销售外购的已税烟酒　　D.从国外进口小轿车

17.根据税法的规定，下列说法中不正确的是（　　）。

A.应税消费品征收消费税的，其税基不含增值税

B.凡是征收增值税的货物都征收消费税

C.应税消费品征收增值税的，其税基含消费税

D.增值税属于价外税，消费税属于价内税

18.下列各项中，属于工资、薪金所得项目的是（　　）。

A.独生子女补贴　　B.投资分红

C.年终奖金　　D.托儿补助费

19.在商品营销活动中企业和单位对营销业绩突出雇员以培训班、研讨会、工作考察等名义组织旅游活动，通过免收差旅费、旅游费对个人实行营销业绩奖励（包括实物、有价证券等），该项支出（　　）。

A.不缴纳个人所得税　　B.按工资、薪金所得缴纳个人所得税

C.按劳务报酬所得缴纳个人所得税　　D.按偶然所得缴纳个人所得税

20.在中国境内无住所，且在一个纳税年度内在中国境内累计居住不超过（　　）天的个人，仅就其归属于境内工作期间并由境内雇主支付或者负担的工资、薪金所得计算缴纳个人所得税。

A.60　　B.183　　C.90　　D.365

二、多项选择题（每题2分，共30分）

1.下列关于个体工商户的生产、经营所得的说法中，正确的有（　　）。

A.个体工商户按规定缴纳的个体劳动者协会会费，按实际发生数额扣除

B.个体工商户发生的与生产、经营所得有关的业务招待费，在收入5‰以内的部分可据实扣除

C.个体工商户取得与生产、经营活动无关的各项应税所得，应按规定分别不同项目所得计算征收个人所得税

D.个体工商户缴纳的个人所得税，准予税前直接扣除

2.负有个人所得税纳税义务的纳税人，有以下情形之一的，应当按照规定自行向税务机关办理纳税申报（　　）。

A.取得综合所得需要办理汇算清缴

B.非居民个人在中国境内从两处以上取得工资、薪金所得

C.从中国境外取得所得

D.取得应税所得，扣缴义务人未扣缴税款

3.在中国境内有住所的个人，是指因（　　）关系而在中国境内习惯性居住的个人。

A.户籍　　B.家庭　　C.经济利益　　D.血缘

4.根据消费税法律制度的有关规定，下列不需要缴纳消费税的有（　　）。

A.烟厂自产的烟丝用于继续生产卷烟

B.化妆品生产企业把自产的高档化妆品作为职工福利发放给职工

C.金银首饰生产企业把金银首饰销售给商场

D.某集团生产销售轨道列车

5.兼营不同税率应税消费品在确定适用税率时，正确的做法有（　　）。

A.分别核算不同税率应税消费品的销售额、销售数量，分别适用税率

B.未分别核算的，一律从高适用税率

C.不论是否分别核算，一律从高适用税率

D.如纳税人未分别核算，由主管税务机关核定其销售额，分别适用税率

6.卷烟的消费税纳税环节包括（　　）。

A.生产销售环节　　B.批发环节

C.零售环节　　D.进口环节

7.下列个人所得在计算个人所得税应纳税所得额时，可按年减除60 000元费用的有（　）。

A.对企事业单位的承包经营、承租经营所得

B.综合所得

C.财产转让所得

D.个体工商户的生产、经营所得

8.纳税人有视同销售应税资源产品行为而无销售额的，并且也没有同类产品平均销售价格的，应按组成计税价格确定销售额。其中，组成计税价格的构成内容包括（　）。

A.实际生产成本　　B.利润

C.应纳资源税　　D.应纳增值税

9.下列纳税人年应税销售额超过增值税规定的一般纳税人标准，可以选择小规模纳税人身份的有（　）。

A.行政事业单位　　B.除个体工商户外的其他个人

C.个体工商户　　D.不经常发生应税行为的企业

10.纳税人提供旅游服务选择差额征税时，可以扣除向旅游服务购买方收取并支付给其他单位或者个人的（　）。

A.导游工资费用　　B.门票费

C.住宿费　　D.签证费

11.某酒厂（增值税一般纳税人）在生产经营过程中发生以下业务，取得增值税扣税凭证，可以核算允许扣除的进项税额的有（　）。

A.从国外购进葡萄酒生产专利技术　　B.支付办公楼装修费

C.从农村收购葡萄　　D.支付广告费

12.下列进项税额不得从销项税额中抵扣的有（　）。

A.购进的旅客运输服务　　B.非正常损失的不动产

C.购进的餐饮服务　　D.购进的生活服务

13.根据增值税的相关规定，一般纳税人销售下列使用过的外购固定资产，可以选择简易办法计税的有（　）。

A.建筑公司销售其2015年购入的施工机械

B.工厂销售福利部门专用的空调

C.物流公司转让选择简易办法纳税的装卸服务专用设备

D.工厂销售2018年购进的福利部门和生产部门共同使用的车辆

14.下列关于税收实体法构成要素的说法中，不正确的有（　）。

A.纳税人是税法规定的直接负有纳税义务的单位和个人，是实际负担税款的单位和个人

B.征税对象是税法中规定的征税的标的物，是国家征税的依据；计税依据是税法中规定的据以计算应纳税款的依据或标准

C.纳税人在计算应纳税款时，应以税法规定的税率为依据，因此，税法规定的税率反映了纳税人的税收实际负担率

D.税目是课税对象的具体化，反映具体征税范围，代表征税的广度

15.增值税一般纳税人销售（　）收取的包装物押金，无论是否返还以及会计上如何核算，均应并入当期销售额征税。

A.白酒　B.啤酒　C.黄酒　D.葡萄酒

三、判断题（每题1分，共10分）

1.税收是国家取得财政收入的基本形式。（　）

2.增值税是对纳税人从事增值税应税行为取得的销售额全额征收的一种税，属于流转税的范畴。（　）

3.增值税实行多环节征税制度，增值税应税货物从生产到消费的各个流通环节都需计算缴纳增值税。（　）

4.作为增值税一般纳税人的自来水公司销售自来水，可以选择按简易办法依照3%的征收率征收增值税。（　）

5.消费税是在普遍征收增值税的基础上对特定应税消费品进行特殊调节的一种税，所以，若发生消费税纳税义务，则一定同时负有增值税纳税义务；反之亦然。（　）

6.应征消费税的高档手表是指销售价格（含增值税）每只在10 000元（含）以上的各类手表。（　）

7.个人将其应税所得全部用于公益救济性捐赠，不负有缴纳个人所得税的义务。（　）

8.个人取得稿酬收入，以收入额减除20%费用后的余额减按70%计算应税收入额，计入个人综合所得。（　）

9.2019年8月8日，我国对资源税立法，自此对全部应税资源产品实行从价计征资源税办法。（　）

10.以应税资源产品投资、分配、抵债、赠与、以物易物等，视同销售，计算缴纳资源税，同时也应缴纳增值税。（　）

四、计算分析题（40分）

1.某家具厂是专门从事高档实木家具生产的企业，被主管部门认定为增值税一般纳税人，2022年12月发生相关业务如下：

（1）9日，销售家具给某经销商，开具增值税专用发票3张，合计不含增值税收入为1 200 000元。

（2）10日，从农民手中收购原木10吨，每吨收购价格为160 000元，企业开具免税农产品专用收购凭证，该批原木已验收入库。

（3）12日，赊销一批家具给某专卖店，合同规定含税售价为11 300 000元，分4期等额收款，发货时收到应收货款和税款的25%，并开具相应的增值税专用发票一张，其余货款和税款在以后3个月内分别收回。

（4）13日，厂办公室外购办公用品一批，取得的增值税专用发票上注明的价款为400元，税额为52元。

（5）15日，领用本厂生产的家具一批，发放给本单位先进职工，生产成本为100 000元，同类产品不含税出厂价为200 000元，市场零售价为280 000元。

（6）16日，从外地某林场购进原木80吨，每吨收购价格为105 000元，取得林场开具的增值税普通发票一张，另外支付运输部门运费，取得增值税专用发票，注明运费150 000元，增值税13 500元。

（7）17日，外购低值易耗品一批，取得增值税专用发票两张，合计价款6 000元，税款780元。

（8）25日，将一批特制家具销售给某大医院，开具增值税普通发票一张，注明含增值税货款226 000元，产品已发出，款项已收到。

（9）27日，外购切割机两台，取得增值税专用发票一张，注明价款50 000元，税款6 500元。

（10）30日，通过本企业网络平台，零售家具取得收入136 730元，未开具发票。

（11）30日，闲置设备出租取得含增值税收入33 900元，开具增值税专用发票，款项以银行存款收讫。

（12）30日，支付电话费，取得增值税专用发票，注明电话费1 000元，增值税90元。

（13）月底盘点，发现库存家具一件由于管理不善破损，账面价值20 000元，售价32 000元（不含税），企业降价出售，不含税售价10 000元。经测算，生产成本中外购货物、劳务所占比重为60%。企业尚未给出处理意见。

假定上述增值税专用发票均于当月通过认证。

要求：计算企业当月增值税进项税额、销项税额、应纳税额。（本题15分）

2.某化妆品厂为增值税一般纳税人，兼有高档和普通化妆品的生产与销售，2022年12月发生相关业务如下：

（1）将一批新研制的普通及高档化妆品组合成试用装，作为样品分送给各经销商，其成本为80 000元，高档化妆品的消费税税率为15%，成本利润率为5%。

（2）长期委托某加工厂加工香水精，收回后以其为原材料继续加工成香水（属于高档化妆品）销售。受托方一直按同类香水精每毫升15元的销售价格（不含税）代收代缴消费税。2022年12月，该厂收回加工好的香水精40 000毫升（期初库存为零），取得的增值税专用发票已经认证，全部用于连续生产A型高档香水。当月销售连续生产的A型香水8 000瓶（每瓶20毫升），每瓶销售价格为200元（不含税）。

（3）购入一批香水精用来连续生产B型香水，外购香水精取得增值税专用发票，注明数量5 000毫升，单价10元/毫升，金额50 000元，增值税6 500元。当月销售外购香水精生产的香水4 000毫升，每毫升不含税售价20元，销售额80 000元，月初库存外购香水精30 000元（取得增值税专用发票），月末库存外购香水精账面余额20 000元，本月非正常损失香水精账面价值10 000元。

要求：计算该化妆品厂2022年12月应缴纳的消费税。（本题5分）

3.居民个人A先生2022年取得收入如下：

（1）从任职的甲公司取得月工资收入15 000元，12月取得全年绩效奖金86 000元。

（2）3月，在某学术杂志上发表专业论文，取得稿酬5 000元，由于该论文获奖，获其任职的公司奖励5 000元。

（3）3月、6月、8月、10月分4次为乙公司提供劳务，协议约定每次报酬为2 500元，乙公司于10月一次支付费用10 000元。

（4）为某政府部门翻译专业技术资料，取得翻译费6 000元。

（5）购买体育彩票中奖10 000元，并从中拿出2 000元通过市民政局向贫困山区捐款。

（6）A先生每月享受专项附加扣除共计4 000元，包括子女教育1 000元、首套住房贷款利息1 000元、赡养老人2 000元；每月缴纳“三险一金”3 000元；购买符合条件的商业健康保险每月支出200元。

假设：A先生取得的全年绩效奖金选择单独计税。

要求：计算A先生2022年取得的各项收入应缴纳的个人所得税。（本题15分）

4.某煤矿（增值税一般纳税人）2022年12月发生有关业务如下：

（1）采用分期收款方式向某供热公司销售优质原煤3 000吨，每吨不含税售价320元，价款960 000元，购销合同规定本月收取价税合计款300 000元，企业尚未开具增值税发票。

（2）销售用自采原煤加工的洗选煤2 000吨，每吨不含税售价600元。

（3）移送优质原煤1 500吨用于加工煤制品。

（4）用自产的80吨洗选煤支付发电厂电费。

假定资源税税率为8%，洗选煤折算率为80%。

要求：计算该煤矿当月应缴纳的资源税。（本题5分）

模拟试题（二）

一、单项选择题（每题1分，共20分）

1.企业所得税分月或分季预缴，年终汇算清缴。年终汇算清缴是在年度终了后（　　）内。

A.15日　　B.3个月　　C.4个月　　D.5个月

2.下列各项中，不属于企业所得税纳税人的是（　　）。

A.在中国境内成立的个人合伙企业

B.在中国境内成立的外商合资企业

C.在外国成立，但实际管理机构在中国境内的企业

D.在外国成立，在中国境内无机构、场所，但有来源于中国境内所得的企业

3.根据企业所得税法的规定，下列各项中，适用25%税率的是（　　）。

A.在中国境内未设立机构、场所的非居民企业

B.在中国境内虽设立机构、场所，但取得的所得与其机构、场所没有实际联系的非居民企业

C.在中国境内设立机构、场所，取得的所得与其机构、场所有实际联系的非居民企业

D.所有的非居民企业

4.某服装厂是增值税一般纳税人，2022年因管理不善丢失一批库存服装，账面成本20 000元，服装成本中外购货物、劳务的比例为60%，该企业的损失已作所得税纳税申报，则在所得税前可扣除的损失金额为（　　）元。

A.22 600　　B.21 560　　C.17 400　　D.20 000

5.某企业2022年10月1日以经营租赁方式租赁一间办公用房，租赁期12个月，月租金1万元，当日支付12个月租赁费12万元，则2022年度该企业可以税前扣除的租赁费为（　　）万元。

A.12　　B.9　　C.6　　D.3

6.下列关于企业所得税应税收入的表述中，正确的是（　　）。

A.取得商标使用权转让收入，应当计入应纳税所得额

B.教育费附加返还款，不应当计入应纳税所得额征税

C.建筑、安装工程持续时间超过12个月的，应当按当期工程结算款确认收入的实现

D.包装物押金在收取时就应当确认收入

7.根据企业所得税法的规定，下列税金在计算企业所得税应纳税所得额时，不得作为税金直接从收入总额中扣除的是（　　）。

A.土地增值税　　B.增值税　　C.车船税　　D.耕地占用税

8.根据企业所得税法的规定，下列固定资产可以计提折旧在税前扣除的是（　　）。

A.以融资租赁方式租入的固定资产

B.房屋、建筑物以外未投入使用的固定资产

C.以经营租赁方式租入的固定资产

D.单独估价作为固定资产入账的土地

9.根据企业所得税法及其实施条例的规定，企业以非货币形式取得的收入，应当按照（　　）确定收入额。

A.公允价值　　B.协议价格　　C.自定价格　　D.对方入账价格

10.下列各项中，能作为业务招待费税前扣除限额计算依据的是（　　）。

A.转让无形资产使用权的收入

B.因债权人原因确实无法支付的应付款项

C.转让无形资产所有权的收入

D.出售固定资产的收入

11.下列行为中，应当征收土地增值税的是（　　）。

A.房屋产权继承

B.由双方合作建房后分配自用的

C.以房地产抵债而发生房地产产权转让的

D.被兼并企业将房地产转让给兼并企业的

12.下列业务中，应征收契税的是（ ）。

A.有限责任公司整体改建为股份有限公司，改建后的公司承受原公司土地

B.拆迁居民购置新房，成交价格超过拆迁补偿款的

C.债权人承受破产企业的土地

D.法定继承人继承房产

13.下列各项中，符合房产税纳税义务人规定的是（ ）。

A.承典人不在房屋所在地的，由出典人缴纳

B.房屋产权出典的，由出典人缴纳

C.产权纠纷未解决的，由代管人或使用人缴纳

D.产权属于国家所有的，不缴纳房产税

14.按照城镇土地使用税的有关规定，下列表述中错误的是（ ）。

A.设立在农村的商业企业不征收城镇土地使用税

B.土地使用权未确定或权属纠纷未解决的暂不纳税

C.土地使用权共有的由共有各方分别按其使用面积纳税

D.建制镇的个人经营用房要按照规定缴纳城镇土地使用税

15.根据城镇土地使用税的有关规定，经济发达地区城镇土地使用税的适用税额标准应（ ）。

A.适当提高，但提高额不得超过规定的最高税额的30%

B.适当提高，但提高额不得超过规定的最低税额的30%

C.适当提高，但须报经国家税务总局批准

D.适当提高，但须报经财政部批准

16.下列各项中，属于印花税纳税人的是（ ）。

A.合同的双方当事人　　B.合同的担保人

C.合同的保证人　　D.合同的鉴定人

17.下列车船中，不属于车船税征税范围的是（ ）。

A.机场内部场所使用的车辆　　B.小汽车

C.火车　　D.拖船

18.耕地占用税是以（ ）作为计税依据的。

A.批准占用耕地面积　　B.实际占用耕地面积

C.实际占用土地面积　　D.实际占用基本农田面积

19.纳税人新购置车辆，其车船税的纳税义务发生时间是（ ）。

A.购置使用之当月起　　B.购置使用之次月起

C.购置使用之当年起　　D.购置使用之次年起

20.纳税人经营自用的房产缴纳房产税的计税依据是（ ）。

A.房屋原值　　B.房屋净值　　C.市场价格　　D.计税余值

二、多项选择题（每题2分，共30分）

1.根据企业所得税法的规定，下列各项中属于应税收入的有（　　）。

A.租金收入　　B.特许权使用费收入

C.接受捐赠收入　　D.财政拨款

2.注册地与实际管理机构所在地均在国外的某银行，取得的下列所得应按规定在我国缴纳企业所得税的有（　　）。

A.转让位于我国的一处不动产取得的财产转让所得

B.在中国香港证券交易所购入我国某公司股票后取得的分红所得

C.在我国设立的分行为我国某公司提供理财咨询服务取得的服务费收入

D.在我国设立的分行为位于R国的某电站提供流动资金贷款取得的利息收入

3.根据企业所得税法律制度中处置资产确认收入的相关规定，下列行为中，应视同销售的有（　　）。

A.将生产的产品用于市场推广

B.将生产的产品用于发放职工福利

C.将资产用于境外分支机构加工另一产品

D.将资产在总机构及其境内分支机构之间转移

4.下列各项中，在计算企业所得税应纳税所得额时不得扣除的有（　　）。

A.企业之间支付的管理费　　B.企业内营业机构之间支付的租金

C.企业向投资者支付的股息　　D.银行企业内营业机构之间支付的利息

5.在中国境内未设立机构、场所的非居民企业从中国境内取得的下列所得，应按收入全额计算征收企业所得税的有（　　）。

A.股息　　B.转让财产所得

C.租金　　D.特许权使用费

6.下列各项中，属于土地增值税征税范围的有（　　）。

A.出让国有土地使用权　　B.出租国有土地使用权

C.转让国有土地使用权　　D.交换国有土地使用权

7.下列各项中，主管税务机关可要求纳税人进行土地增值税清算的有（　　）。

A.取得销售许可证满3年仍未销售完毕的

B.取得的销售收入占该项目收入总额50%以上的

C.申请注销税务登记但未办理土地增值税清算手续的

D.转让的房屋建筑面积占整个项目可售建筑面积85%以上的

8.下列关于房地产开发企业土地增值税清算的说法中，正确的有（　　）。

A.房地产开发企业逾期开发缴纳的土地闲置费可以扣除

B.纳税人清算补缴的土地增值税一律不加收滞纳金

C.货币安置拆迁的，房地产开发企业凭合法有效凭据计入拆迁补偿费

D.房地产开发企业销售已装修房屋，可以扣除的装修费用不得超过房屋原值的10%

9.纳税人转让国有土地使用权应缴纳（　　）。

A.土地增值税　　B.耕地占用税　　C.增值税　　D.城市维护建设税

10.下列各项中，按房产余值征收房产税的有（　　）。

A.自有用于经营的房产　　B.对外经营租赁出租的房产

C.融资租赁租入的房产　　D.产权出典

11.下列凭证中，免征印花税的有（　　）。

A.缴纳印花税的凭证抄本

B.将财产无偿赠送给政府所立的书据

C.无息贷款合同

D.房地产管理部门与企业签订的租赁合同

12.中国居民王某将拥有的一处位于国内的房产无偿赠送给好友张某，双方签订房屋权属转移合同并按规定办理了房屋产权过户手续。下列关于契税和印花税的表述中，正确的有（　　）。

A.交易双方，王某缴纳印花税和契税，张某缴纳契税不缴纳印花税

B.契税的计税依据由征收机关参照房屋买卖的市场价格核定

C.契税纳税人应在该房产的所在地缴纳契税，印花税的纳税人应在缴纳契税时一并就地缴纳印花税

D.契税纳税人的纳税义务在房屋权属转移的当天发生，印花税纳税人的纳税义务在房屋权属转移合同签订时发生

13.下列车船属于法定减免车船税范围的有（　　）。

A.节约能源、使用新能源的车船

B.捕捞、养殖渔船

C.公共交通车船

D.警用车船

14.某机关2022年8月购车一辆，随购车支付的下列款项中，应并入计税依据征收车辆购置税的有（　　）。

A.紧俏车型加价款　　B.增值税税款

C.零部件价款　　D.车辆装饰费

15.某烟厂为增值税一般纳税人，2022年8月收购烟叶支付价款500万元，并按规定支付10%的价外补贴，已开具烟叶收购发票，烟叶当月全部领用生产卷烟。下列表述中，正确的有（　　）。

A.烟厂需要缴纳烟叶税100万元

B.烟厂需要缴纳烟叶税110万元

C.烟厂可以抵扣进项税额59.4万元

D.烟厂可以抵扣进项税额66万元

三、判断题（每题1分，共10分）

1.根据企业所得税法实施条例的规定，提供劳务所得按照劳务合同签订地确定所得

来源地。 (　　)

2. 企业外购商誉的支出，在企业整体转让或出售时，准予扣除。 (　　)

3. 某企业将闲置厂房通过当地教育局捐赠给驻地农村小学，可以不缴纳土地增值税。 (　　)

4. 契税实行3%～5%的幅度税率，各省、自治区、直辖市人民政府可以根据本地区实际情况决定开征与否与适用税率。 (　　)

5. 以划拨方式取得土地使用权，经批准转让房地产时，不再缴纳契税。 (　　)

6. 某市公立小学无租使用附近工厂的土地，应由该公立小学代为缴纳房产税。 (　　)

7. 依法不需要在车船登记管理部门办理登记的车船，不缴纳车船税。 (　　)

8. 耕地占用税是以纳税人实际占用的耕地面积为计税依据的，按照规定的税率每年计算征收一次。 (　　)

9. 国家机关、人民团体、军队自用的土地，免征城镇土地使用税。 (　　)

10. 烟叶税的纳税人是销售烟叶的单位及个人。 (　　)

四、计算分析题（40分）

1. 甲公司（居民企业）于2004年成立，是增值税一般纳税人，主营机械制造，根据企业会计准则进行会计核算。该公司2022年度生产经营情况如下：

全年主营业务收入10 500万元（其中符合条件的资源综合利用收入500万元），其他业务收入2 300万元，营业外收入1 200万元，主营业务成本6 000万元，其他业务成本1 300万元，营业外支出800万元，税金及附加420万元，销售费用1 800万元，管理费用1 200万元，财务费用180万元，投资收益1 700万元。

当年发生的部分具体业务如下：

（1）将两台设备通过市政府捐赠给贫困地区用于公共设施建设。营业外支出中已列支两台设备的成本及对应的销项税额合计123.8万元，每台设备市场售价70万元（不含增值税）。

（2）投资收益1 700万元中包括从被投资企业（非上市公司）分得的利润800万元，国债利息收入200万元，股权投资转让收益700万元。

（3）向持股95%的境内子公司转让一项账面余值（计税基础）为400万元的专利技术，取得转让收入700万元，相关费用50万元。该项技术已经省科技部门认定登记，转让定价符合独立交易原则。

（4）实际发放职工工资1 400万元，发生职工福利费支出200万元，拨缴工会经费30万元并取得专用收据，发生职工教育经费支出25万元，以前年度累计结转至本年的职工教育经费扣除额为5万元。

（5）发生广告费支出1 542万元，发生业务招待费支出90万元，其中20万元未取得合法票据。

（6）从事国家重点扶持的高新技术领域规定项目的研究开发活动，发生研发费用支出200万元，计入管理费用。

（7）因违反《中华人民共和国产品质量法》被罚款50万元，计入营业外支出。

要求：

（1）计算甲公司2022年利润总额。

（2）计算甲公司2022年纳税调整增加额。

（3）计算甲公司2022年纳税调整减少额。

（4）计算甲公司2022年应缴纳的企业所得税。（本题12分）

2.2022年某房地产开发公司销售其新建商品房一幢，取得销售收入14 000万元（不含税）。已知该公司支付与商品房相关的土地使用权费及开发成本合计4 800万元；该公司没有按房地产项目计算分摊银行借款利息；该商品房所在地的省政府规定，计征土地增值税时的房地产开发费用扣除比例为10%；销售商品房缴纳的有关税金为770万元。

要求：计算该公司销售该商品房应缴纳的土地增值税。（本题8分）

3.某企业（增值税一般纳税人）有一处房产，原值为5 000万元，占地6 000平方米，2022年7月用于投资联营（收取固定收入，不承担联营风险），投资期为5年。已知该企业当年取得固定收入50万元（不含税），当地政府规定的扣除比例为20%，城镇土地使用税税率为每平方米15元。

要求：计算该企业上述房产2022年应缴纳的房产税、城镇土地使用税。（本题5分）

4.某公司（增值税一般纳税人）主要从事建筑工程机械的生产制造，2022年发生相关业务如下：

（1）签订钢材采购合同一份，采购金额8 000万元，税额1 040万元；签订以货换货合同一份，用库存价值3 000万元的A型钢材换取对方相同金额的B型钢材；签订销售合同一份，销售金额15 000万元，税额1 950万元。

（2）公司作为受托方签订甲、乙两份加工承揽合同。甲合同约定：由委托方提供主要材料（金额300万元），受托方只提供辅助材料（金额20万元），受托方另收取加工费50万元，税额6.5万元；乙合同约定：由受托方提供主要材料（金额200万元），并收取加工费40万元，税额5.2万元。

（3）公司作为受托方签订技术开发合同一份，合同约定：技术开发金额共1 000万元，其中研究开发费用与报酬金额之比为3∶1。

（4）公司作为承包方签订建筑安装工程承包合同一份，承包金额300万元，税额27万元；公司随后又将其中的金额为100万元、税额为9万元的业务分包给另一个单位，并签订相关合同。

（5）公司新增实收资本2 000万元，资本公积500万元。

要求：根据上述资料回答以下问题。

（1）计算公司2022年签订的买卖合同应缴纳的印花税。

（2）计算公司2022年签订的承揽合同应缴纳的印花税。

（3）计算公司2022年签订的技术合同应缴纳的印花税。

（4）计算公司2022年签订的建设工程合同应缴纳的印花税。

（5）计算公司2022年营业账簿应缴纳的印花税。（本题15分）